VIE ILLUSTRÉE

DE

GARCIA MORENO

DÉCLARATION

En donnant à Garcia Moreno les titres d'honneur que semblent autoriser ses vertus, l'auteur n'a pas voulu prévenir le jugement du Saint-Siège; il se déclare, au contraire, entièrement et filialement soumis à sa décision suprême et infaillible.

LA CROIX ET L'EPÉE !

VIE ILLUSTRÉE

DE

Garcia Moreno

PAR

CHARLES D'HALLENCOURT

OUVRAGE ORNÉ DE 20 GRAVURES
ET D'UNE CARTE

ABBEVILLE

C. PAILLART, IMPRIMEUR-ÉDITEUR

des Brochures illustrées de Propagande Catholique

1893

INTRODUCTION

Ne semblera-t-il pas téméraire de publier une *Vie de Garcia Moreno* après l'excellent travail du R. P. Berthe, véritable « *monument élevé à la gloire du héros martyr* (1) ! » Outre que ces deux beaux volumes, et même l'abrégé, ne peuvent être aux mains de tous, le point de vue transcendant où se place l'éminent religieux n'est pas accessible à tous les âges ; en effet, il domine d'un sommet plus élevé encore que celui des Andes, toutes les mesquines préoccupations de ce monde :

« Oh ! que la terre est vile à qui la voit des Cieux ! »

La doctrine, la science, l'indépendance d'un jugement sûr et fier, signalent l'œuvre magistrale du R. P. Berthe à l'admiration universelle. Ne pas méditer ces lignes, ne pas s'assimiler en quelque sorte l'esprit de l'auteur, serait une inconséquence, nous dirions presque une faute. Cette faute nous ne voulons pas la commettre.

(1) *Revue catholique de Quito* 1887.

L'histoire de *Garcia Moreno, vengeur et martyr du droit chrétien*, nous apparaît comme le code religieux et politique des temps modernes ; nous, nous sommes donc appliqué avec un religieux respect, à résumer en la simplifiant pour nos lecteurs, la biographie publiée en 1887 et dont le tirage dépasse aujourd'hui trente mille exemplaires ; trop heureux de rapporter humblement au R. P. Berthe le bien que nous espérons de ce petit livre.

Les citations empruntées au texte même, seront toutes précédées de guillemets, sans autre indication.

Mais avant de commencer notre modeste récit, nous ne pouvons résister au désir de reproduire quelques passages des nombreuses approbations épiscopales données au R. P. Berthe.

Appuyant notre insuffisance sur les colonnes même de la vérité, nous oserons aborder un sujet tout palpitant d'actualité et même d'espérance. Montrer au monde étonné de vivre encore, malgré tant de démolitions successives « le soldat de Dieu uni à l'Église pour fonder l'État chrétien, réalisant en peu d'années matériellement et moralement des merveilles de civilisation si prodigieuses, qu'il attire l'attention du monde entier, » n'est-ce pas faire briller une fois de plus cette éclatante vérité, à savoir :

QUE L'ETAT CHRÉTIEN SAUVE LES PEUPLES.

APPROBATIONS

« La biographie d'un homme d'Etat, qui par sa foi, ses sentiments politiques et son attachement à la cause de la justice est destiné à servir d'exemple, est d'une incontestable utilité, » écrit au nom du Souverain Pontife Léon XIII le cardinal Rampolla.

« La divine Providence (1) a voulu dans ce temps de scepticisme politique montrer au monde ce qu'est le pouvoir vraiment chrétien. Elle a choisi pour ce but une des petites républiques de l'Amérique méridionale... comme si Dieu eût voulu prouver que nulle forme de gouvernement n'est incompatible avec le droit chrétien... » lorsque « comprenant le rôle des pouvoirs humains, il laisse à l'Église pleine liberté d'action pour le salut des peuples ; lui prêtant au besoin le secours de son épée, et mettant dans une heureuse harmonie les lois civiles et les canons ecclésiastiques. »

« On sait, écrit Mgr Gay (2) la simple et triomphante réponse de cet ancien qui, entendant un sophiste nier la possibilité du mouvement, se contenta, pour le faire taire, de marcher devant lui. Ainsi l'histoire de Garcia Moreno fait-elle évanouir ces impos-

---

(1) Cardinal Desprez, archevêque de Toulouse.
(2) Mgr Gay, évêque d'Anthédon, ancien auxiliaire du cardinal Pie.

sibilités prétendues d'appliquer le droit chrétien aux sociétés modernes, et d'établir le règne social du Christ sur les ruines de la Révolution.

..... « Quand, instruits par Dieu même, nous prions chaque jour pour que « son règne arrive » nous ne rêvons pas une chimère, et ne demandons pas un bien qu'il faille renoncer d'avance à voir jamais sur la terre... » nous demandons « la venue des jours heureux où, par la confession publique des droits de Dieu et de son Christ, nous verrons refleurir chez nous cette justice qui n'est point un mot, cette liberté qui n'est point un mensonge, et cette prospérité qui n'est point un mirage et un leurre. »

« Servi par une haute intelligence (1), un noble cœur, une volonté énergique, mais surtout par sa foi, et avec l'aide de Dieu, Don Garcia Moreno a été le libérateur et le restaurateur de l'État qui lui avait confié ses destinées, et il l'a conduit en peu d'années à une prospérité ailleurs inconnue. »

Oui Dieu a suscité Garcia Moreno pour être (2) « une lumière, au sein des ténèbres qui enveloppent l'Europe moderne et le monde politique. » Ainsi que sa vie le « rappelle à nos incrédules, à nos libéraux, à tous, Jésus-Christ est le roi suprême des gouvernants comme des individus, chef divin de l'Église, des peuples, des foyers, des consciences, maître en tout et partout. Il gouverne le monde moral par son Église, et ce gouvernement assure seul l'ordre, la paix, la vraie prospérité aux diverses sociétés. »

---

(1) Mgr Sebaux, évêque d'Angoulême.
(2) Mgr Fava, évêque de Grenoble.

GARCIA MORENO

CHAPITRE PREMIER

**Histoire de l'Équateur.
Bolivar le Libertador. — Ses successeurs.**

On demandait un jour à Garcia Moreno d'écrire l'histoire de l'*Équateur* : « Il vaut mieux la faire, » répondait le grand homme. Nous pouvons dire que cette histoire, il l'a *faite,* et que prononcer son nom ce sera l'*écrire.*

En effet, qui donc il y a vingt-cinq ans parlait de l'*Équateur* ? Qui connaissait le nom de Garcia Moreno? Tout au plus les lettrés, les politiques, pour discuter les actes de son gouvernement, et les francs-maçons pour désigner à la haine de la secte le Président de la petite République dont ils voulaient arrêter l'élan. La mort de Garcia Moreno fut décrétée dans les loges ; le grand chrétien tomba le 6 août 1875, sous le poignard de la révolution. Sa dernière parole fut le cri du martyr : *Dios no muere, Dieu ne meurt pas !*

Et voilà que le héros, souvent impuissant malgré ses efforts généreux, en dépit de son caractère de bronze, domine par son sacrifice et protège au prix de son sang la République qui lui doit sa prospérité et sa grandeur !

Ses ennemis voulaient l'anéantir, ils lui ont dressé un piédestal ; désormais, en Europe aussi bien qu'en Amérique, retentit le nom à jamais glorieux de *Garcia Moreno*.

Pie IX élève un monument au nouveau Charlemagne dans cette Rome dont il avait si noblement revendiqué les droits ; et le Congrès de l'Équateur par la voix des représentants de la nation lui donne le titre de *Régénérateur de la patrie,* de *Martyr de la civilisation chrétienne* et grave au pied de ses statues cette fière inscription : *A l'excellentissime Garcia Moreno, le plus grand des enfants de l'Équateur, mort pour la religion et la patrie, la République reconnaissante* (Décret du Congrès, 16 sept. 1875).

C'est la vie de ce grand homme dont la mort a rendu le nom populaire, que nous allons raconter. En peu d'années il a fourni une longue carrière ; il a forcé l'attention du monde entier ; par son noble caractère, par ses entreprises hardies, il a mérité la haine des méchants, l'amour de son peuple, la couronne des martyrs !...

Puisse la grande voix de l'histoire simplement exposée, résonner, malgré les défaillances actuelles, à des oreilles malades qui ne veulent pas entendre. Puissent les exemples de la vie publique comme de la vie privée du chef de l'Équateur, briller aux yeux de ceux qui n'ont pas la force de supporter la pleine lumière et l'éclat de la vérité.

L'*Équateur* est le plus petit des états du continent sud-américain découvert par Christophe Colomb à son troisième voyage (1498). C'est seulement en 1513 que Balboa (Vasco Nuñez de), officier espagnol, s'avançant dans le pays, franchit le premier l'isthme de Panama et découvrit le Grand Océan. Il tombe à genoux sur la montagne d'où il venait d'apercevoir l'immense étendue; et descendu sur la rive il s'avance, avec son épée, au milieu des eaux et prend possession de l'Océan au nom du roi d'Espagne.

Cependant l'occupation était restée circonscrite au littoral jusqu'à 1536, où Gonzalès de Quesada conquit le pays et fonda la ville de Santa-Fé de Bogota. Les Espagnols, chercheurs d'or, accourus en foule sur ces terres nouvellement découvertes, quelquefois même protégés par l'ambition des gouverneurs, abusèrent trop souvent de leur supériorité pour exercer sur les indigènes d'odieuses vexations; mais il ne faudrait pas accuser les rois d'Espagne des abus particuliers commis en dehors et contre leur volonté, et malgré les lois expresses *pour le bon traitement des Indiens.*

Aussi, en pénétrant sur le sol de l'Amérique, les Espagnols apportaient à cette terre nouvelle, avec les bienfaits de la civilisation, le trésor mille fois plus précieux de la *vraie religion!*

Les colonies espagnoles des deux Amériques formaient au commencement du XIXe siècle un empire puissant et compact, deux fois grand comme l'Europe ; elles comprenaient le Mexique, l'Amérique centrale, la Colombie, le Pérou, le Chili, la Plata, le Paraguay. Elles étaient divisées en quatre vice-royautés avec Mexico, Lima, Santa-Fé de Bogota, Buenos-Ayres pour capitales, et subdivisées en huit capitaineries générales. Un conseil supérieur des Indes siégeait à Madrid et des conseils particuliers ou *audiences* auprès de chaque vice-roi.

Les provinces dont nous nous occupons, sub-divisées alors en royaume de la Nouvelle-Grenade et capitainerie de Caracas, furent paisiblement gouvernées par l'Espagne jusqu'en 1781 où, à la suite d'un impôt vexatoire, éclata une révolte facilement apaisée.

Quatre causes principales firent germer dans la jeune Amérique l'idée d'émancipation :

La première fut le triomphe de Washington qui, après dix ans de lutte contre l'Angleterre, venait d'organiser, grâce à l'appui ou à la neutralité des puissances européennes, la république des États-Unis.

Le roi d'Espagne Charles III en particulier, suivant la parole de Joseph II, « ne savait pas son métier de roi » et ne comprit pas qu'après avoir aidé les Américains du Nord à chasser les Anglais de leurs colonies, il indiquait aux Américains du Sud de s'affranchir des Espagnols.

La seconde cause de révolte fut la révolution française, et la proclamation des droits de l'homme qui décorait le gouvernement populaire du nom trompeur de *Liberté*.

La troisième était une sorte de monopole, funeste, il est vrai, au progrès matériel des colonies, et la centralisation trop exclusive de toutes les affaires, au profit de la métropole, entre les mains du conseil des Indes.

Enfin la quatrième fut la guerre de Napoléon en Espagne. L'Empereur venait de détrôner Ferdinand VII pour installer à Madrid son frère Joseph en qualité de roi.

Sous prétexte de soutenir contre l'usurpateur les droits du monarque légitime Ferdinand VII, les grands districts de la vice-royauté de Santa-Fé, Vénézuela, la Nouvelle-Grenade et l'Équateur proclamaient, en 1810, sous l'inspiration de Bolivar, la déchéance des autorités établies et la création d'une junte (conseil) suprême, libre et indépendante dont l'autorité ne devait cesser qu'avec la captivité de Ferdinand VII. C'était dissimuler habilement aux yeux du peuple, très attaché à l'Espagne et toujours facile à tromper, la portée de la révolution. Bolivar prit la tête du mouvement.

Né à Caracas en 1783, Simon Bolivar, enfant de la contrée, descendait des premiers conquérants de l'Amérique. Actif, intelligent, hardi, imbu des théories funestes de Voltaire et de Rousseau, il était passionné et persévérant dans sa volonté d'arriver au but.

Il part comme la foudre et marche sur Caracas après avoir battu tous les généraux de Monteverde, force Monteverde lui-même à capituler, entre à Caracas le 6 août 1813, aux cris enthousiastes des 30,000 habitants qui l'acclament le *Libertador* (Libérateur), nom sous lequel il est connu dans l'histoire.

Mais Bolivar devait lutter en même temps contre l'armée espagnole, contre la partie de la nation restée fidèle à la monarchie, et contre ses propres généraux jaloux de sa gloire. En 1814 il perdit tout ce qu'il avait gagné en 1813, et, pour ne pas exciter une guerre civile, il se retira volontairement à la Jamaïque.

L'empire français tombé, Ferdinand VII était remonté sur le trône ; néanmoins en 1816, avec le secours que lui fournit le Haïtien Pétion, le *Libertador* défit la flotte espagnole à Margarita.

Le 8 mai 1817, un premier congrès fut ouvert à Vénézuela ; vainement l'Espagnol Morillo tenta d'étouffer la révolte par la promesse d'une amnistie générale ; toutes ses forces furent détruites par Bolivar et par le général Paëz. Bolivar s'empara de la Guyane espagnole, il franchit le Paramo de Chito, mont de 3,000 mètres d'altitude, et remporta le 10 août 1819 une victoire décisive à Boyaca.

Santa-Fé de Bogota est prise, la Nouvelle-Grenade se rend à la république de Vénézuela, et le congrès d'Angostura proclame la réunion des deux provinces en une seule sous le nom de Colombie. Les hostilités ayant recommencé en 1821, Bolivar remporte une nouvelle victoire à Carabobo sur les Espagnols de Moralès.

Nommé président de la République, il laissa le vice-président Santander gouverner la Colombie et continua sa course vers l'Équateur et le Pérou. Malgré la résistance héroïque de la province de Pasto « qui passait à bon droit, disent les historiens, pour une espèce de Vendée et dont tous les habitants avaient pris la résolution de rester fidèles à leur Roi comme à leur Dieu, » Bolivar arrive près du volcan de Pasto, enlève la position, et apprend que le général Sucre (1) avait remporté la victoire sur le mont Pichincha; il entre à Quito en triomphateur le 24 mai, rattache à sa cause la ville de Guayaquil qui songeait à se donner au Pérou et fut le théâtre de la dernière bataille, après laquelle l'Espagne avait perdu l'Amérique.

Bolivar avait affranchi l'Amérique de l'Espagne; mais l'avait-il affranchie de la tyrannie ? Non, car rien n'est plus vrai que ce dicton trouvé en 1822 sur les murs de Quito :

> Ultimo dia del despotismo
> Y el primero de lo mismo.

(1) Prononcez Soucre.

« Le dernier jour du despotisme n'est que le premier d'un despotisme semblable. »

En effet, pendant que Bolivar portait au loin le drapeau de l'indépendance, Santander arborait celui de la révolution ; aussitôt que le *Libertador* eut affermi son autorité, les généraux Paëz et Cordova, d'amis et de lieutenants, devinrent pour lui des ennemis et des rivaux.

Bolivar gouvernait avec une modération remarquable, il comprenait et répétait que « pour fonder un gouvernement il faut l'appuyer sur la loi de Dieu. » Ses rivaux au contraire s'appliquèrent à persécuter sourdement l'Église « laquelle n'abdiquera jamais la souveraineté de Dieu, opposée au principe satanique de la souveraineté absolue de l'homme. »

Santander établit à Bogota une loge de francs-maçons qu'il décora, pour ne pas effaroucher le peuple, du nom pompeux de *Société des lumières ;* il attaqua par les journaux tous les principes sociaux, ne recula devant aucune manœuvre pour gagner à sa cause les électeurs toujours faciles à tromper.

Le congrès, composé de francs-maçons, reconnut les mêmes droits à la vérité et à l'erreur, sous le couvert de *liberté des cultes ;* et devançant encore nos modernes révolutionnaires, il introduisit dans l'enseignement obligatoire les livres impies, athées et matérialistes. « La législation, « avoue l'un des plus acharnés défenseurs du

« congrès (1), faisait table rase des us et coutumes,
« ainsi que des préoccupations religieuses de la
« nation, en un mot constituait une anomalie
« complète avec les mœurs du pays. Aussi la
« simple annonce d'une nouvelle session (plus
« encore de nouvelles élections) jetait-elle l'effroi
« dans le peuple, comme si on lui eût prédit un
« ouragan ou un tremblement de terre. »

En quinze ans les Congrès n'avaient accumulé que des ruines ; agriculteurs, commerçants, prêtres et magistrats maudissaient le nouveau régime et demandaient un sauveur. Paëz travaillait à séparer le Vénézuela, d'autres ambitieux agitaient les provinces de l'Équateur ; sous l'empire du mécontentement général tout se désagrégeait, tous appelaient Bolivar et le pressaient de ceindre la couronne sous le nom d'Empereur des Andes ; mais il refusa constamment la royauté et la dictature.

Pour « remédier à l'instabilité du gouverne-
« ment, ce vice caractéristique du régime répu-
« blicain, » Bolivar eût voulu : un Président à vie investi de pouvoirs étendus, un sénat inamovible, une chambre élective ; en un mot une sorte de royauté, moins l'hérédité dans le chef de l'Etat.

« On peut discuter sur le mérite respectif des formes gouvernementales, dit M. Girard dans son *Histoire contemporaine,* sur leur convenance relative à tel Etat particulier : mais au fond, le

---

(1) Restrepo, *Histoire de la Colombie.*

pouvoir, individu ou assemblée, dégénèrera toujours en tyrannie, si l'affranchissant des lois divines, on proclame sa souveraineté absolue. »
Cet axiome politique, les libéraux de la Colombie se chargèrent de l'enseigner à Bolivar : ils paralysèrent si bien ses efforts « qu'après cinq ans de triomphes à travers l'Amérique, le *Libertador* fut reçu comme un ennemi dans son propre pays. Il donna sa démission que le Congrès refusa d'accepter ; les libéraux continuaient à menacer, ils parlaient d'exiler ou même d'étrangler Bolivar, ils en vinrent à tenter de le surprendre pour l'assassiner. Enveloppés par la troupe et jetés en prison, les insurgés furent punis, et Bolivar forcé de prendre le pouvoir dictatorial pour sauver sa patrie. Il ordonna d'abord la dissolution des sociétés secrètes et la fermeture des loges « considérant qu'elles
« ont pour but principal de préparer les révolu-
« tions politiques ; et que le mystère dont elles se
« couvrent, révèle suffisamment leur caractère
« nuisible. »

« Parce qu'on a déserté les vrais principes, con-
« tinue Bolivar, l'esprit de vertige s'est emparé
« du pays. » Il ordonne la réforme complète de l'enseignement, expulse des écoles les auteurs dangereux, y introduit l'étude approfondie de la religion « afin de fournir aux jeunes gens des
« armes contre les attaques de l'impiété et l'en-
« traînement de leurs propres passions. »

Mais Bolivar avait trop exalté les idées révolutionnaires ; les principes de 1789 allaient coucher dans un même sépulcre la Colombie et le *Libertador*, l'émancipateur de l'Amérique.

Durant l'année qui précéda sa réélection, ses ennemis employèrent les moyens les plus ignobles pour le discréditer auprès des électeurs. Il envoya le 15 janvier 1830 sa démission définitive, qu'il terminait par ces mots : « Que mon « dernier acte soit de recommander au Congrès « de protéger toujours notre sainte religion, cette « source féconde des bénédictions du ciel, et de « restituer à l'instruction publique, dont on a fait « le chancre de la Colombie, ses droits sacrés et « imprescriptibles... »

« Concitoyens, ajoutait-il, je le dis, le rouge « au front, nous avons conquis l'indépendance, « mais au prix de tous les autres biens. »

Bolivar était encore à Carthagène, d'où il voulait s'embarquer pour l'Europe, que déjà la Colombie perdait le Vénézuela qui se déclarait indépendant sous la présidence du général Paëz, aussi bien que l'Équateur avec ses trois départements Quito, Cuenca et Guayaquil sous les ordres du général Florès. Sucre était lâchement assassiné par ses rivaux, et Bolivar, dont les hommes qui lui devaient tout osaient déjà fusiller le portrait, succombait au chagrin le 27 décembre 1830, à quarante-sept ans, secouru par l'évêque de Santamarta, et fortifié par les sacrements qu'il reçut avec une foi profonde et la plus touchante piété.

Les députés des trois départements qui composaient le nouvel État, se hâtèrent de voter une constitution dont l'un des articles les plus funestes était le droit de cité, accordé à tous les étrangers civils ou militaires : c'était ouvrir la porte aux révolutionnaires de tous les pays. Le Président, le général Florès, était un brillant officier; mais peu religieux, ambitieux et léger, il s'entourait de soldats étrangers au préjudice des indigènes, et passait dans les plaisirs le temps qu'il aurait dû donner aux affaires. Il se livrait encore, disait-on, à l'agiotage, peu soucieux de la misère du peuple.

Les mécontents s'appuyèrent sur Rocafuerte dont la naissance et le talent devaient assurer le succès. C'est alors que Florès, prenant la dictature (car c'est toujours là que conduisent les excès des Républiques), bannit les rebelles pendant que son ennemi Rocafuerte est amené prisonnier dans le camp. Florès se jugeant néanmoins trop faible pour triompher de l'opposition, offrait à son compétiteur le gouvernement de Guayaquil; et l'Équateur était livré simultanément à deux maîtres, qui échangèrent entre eux, « par des machinations indignes, » le fauteuil présidentiel et le gouvernement de Guayaquil.

La division ne pouvait tarder à éclater entre les deux rivaux; mais la véritable cause de leur chûte fut la persécution, encore occulte il est vrai, contre la religion.

La République de « l'Équateur allait apprendre
« à ses dépens qu'on ne violente pas impunément
« la conscience d'un peuple. »

« Il n'y a pas de salut pour la patrie, s'était écrié Bolivar en mourant ; c'est ma conviction et mon désespoir, que peut un homme contre un monde ? Tout est perdu et perdu pour toujours ! »

Serait-il donc vrai que les peuples doivent périr, parce qu'aucun homme au monde n'est assez fort pour les tirer des griffes de la Révolution ?

« J'estime trop mon pays, doit dire chacun de ceux qui aiment la patrie, quel que soit son nom, quelle que soit la forme de son gouvernement ; « j'estime trop mon pays pour le croire
« irrémédiablement assis dans le mensonge. On
« ne parle ainsi qu'auprès d'un moribond déses-
« péré ou d'un criminel incorrigible. »

« Non, la Révolution n'a pas tellement assujetti
« et abêti les peuples, qu'un *hercule chrétien* ne
« puisse les arracher à son joug (1). » Pour relever nos courages, « Dieu suscita sous nos yeux ce
« phénomène politique qui s'appelle Garcia
« Moreno ; et il choisit pour combattre les princi-
« pes de 1789, et pour en triompher, le Président
« de la *République de l'Équateur*, un de ces états
« révolutionnaires que nous avons vus naître du
« démembrement de la Colombie. »

(1) Cardinal Pie.

CHAPITRE II

Naissance de Garcia Moreno. — Sa famille. Son pays.

A la mort de Bolivar, *Garcia Moreno*, le véritable Libérateur de son pays, venait d'entrer dans sa dixième année ; il avait déjà fait partie de quatre nationalités différentes. Né à Guayaquil le 24 décembre 1821, *Gabriel* était sujet de la grande République Colombienne ; en 1827 la remuante Guayaquil d'abord indépendante, faisait un moment cause commune avec Lima, et Garcia Moreno devenait enfant du Pérou, jusqu'en 1830 où il se trouva citoyen de la République de l'Équateur.

Gabriel Garcia Gomez, père de notre héros, d'une noble et ancienne famille de Villaverde dans la vieille Castille, s'était embarqué en 1793 espérant trouver au Nouveau-Monde la sécurité et la paix qui avaient fui de l'Europe ; il épousait à Guayaquil Dona Mercédès Moreno digne mère du président-martyr et dont il hérita peut-être la fermeté du caractère ; car pendant que Garcia Gomez, demeuré fidèle au roi d'Espagne, faisait néanmoins partie du conseil de Guayaquil tant ses vertus le rendaient estimable, Dona Mercédès dans sa fière liberté, refusait constamment de pavoiser sa maison pour la fête de l'indépendance et payait chaque année l'amende des contrevenants.

Quatre fils et trois filles formaient déjà leur couronne d'honneur, lorsque naquit le petit *Gabriel*, à ce moment-là même où les incessantes révolutions de l'Amérique venaient de faire succéder une pauvreté relative à l'opulence des anciens jours. Aussi, bien que les écoles eussent été ouvertes à ses frères, l'enfant ne pouvait espérer y être jamais admis. Mais Dieu lui avait laissé sa mère, la plus assidue des institutrices ; elle prit sur son fils une heureuse influence : il est rare que les grands hommes n'aient pas une femme forte pour mère !

Gabriel Garcia Moreno, d'une santé frêle et délicate, le plus jeune de beaucoup de toute la petite famille, se montra d'abord aussi timide, aussi peureux même que pas un enfant de son âge. Le bruit, les orages, les ténèbres, les morts surtout lui causaient un effroi involontaire ; mais il avait dans ses vertueux parents, des mentors aussi énergiques que tendres. Pour aguerrir son fils contre les véritables dangers et contre les écarts de l'imagination, Garcia Gomez enfermait le pauvre enfant dans un balcon extérieur pendant les longues heures d'une tempête tropicale ; une autre fois, il l'obligeait à prendre de la lumière aux torches même qui brûlaient à la tête d'un mort exposé dans le cercueil. Déjà le petit Gabriel apprenait ce grand art de la lutte contre soi-même, si nécessaire pour combattre un jour victorieusement les hommes.

Ainsi se formait à l'école de la famille, l'homme de caractère et de volonté qui ne recula jamais ni devant les obstacles, ni devant les dangers, ni même devant la mort pour sauver son pays, et le faire avancer dans la voie du véritable progrès.

« L'écueil des grandes intelligences, l'abîme où trop souvent viennent sombrer les conceptions du génie, c'est la faiblesse, ce sont les défaillances de la volonté... Voir et savoir ne suffit pas, il faut vouloir (1). »

Garcia Moreno encore enfant non-seulement résolut de se corriger de ses vaines frayeurs ; mais ayant perdu son père il voulut étudier, il décida en son âme qu'il parviendrait aux écoles, à l'université même. Le *comment* de ce problème était inconnu ; mais la pieuse mère priait, et le jeune enfant étudiait sous la direction d'un religieux de la Merci, le P. Bétancourt, que Dieu avait choisi pour consoler et soutenir la veuve privée de fortune.

Gabriel touchait à sa quinzième année, il savait tout ce que pouvait lui enseigner son charitable protecteur ; celui-ci cherchait le moyen d'obtenir à l'université de Quito une place pour cet élève d'élite, exclu par la pauvreté des doctes écoles. Deux sœurs du P. Bétancourt habitaient Quito et

---

(1) *Christophe Colomb :* Discours prononcé à Notre-Dame, le 16 octobre 1892, par le R. P. Feuillette de l'ordre de Saint-Dominique.

embaumaient la ville du parfum de leur charité ; c'est à leur maternelle sollicitude que Garcia Moreno fut confié ; et malgré les déchirements de son cœur à la pensée de quitter sa mère, l'étudiant bondit de joie en se mettant en route pour Quito.

Guayaquil qu'avait jusqu'alors habité Gabriel Garcia Moreno, est le port principal de l'Equateur. Cet Etat, le plus petit des Etats américains du Sud, forme un immense triangle de 150,000 kil. carrés (presque l'équivalent de la France). Baignée par l'Océan sur une longueur de deux cents lieues, la partie de l'Equateur nommée la *Plaine* s'étend du rivage aux Cordillères, sur un espace de quinze à vingt lieues ; la chaîne envoie jusqu'au

« Il enfermait l'enfant sur un balcon » (page 23).

Pacifique de nombreux éperons entre lesquels se trouvent de profondes vallées ; arrosée par les torrents et les rivières qui descendent des montagnes, la Plaine est baignée dans les rayons du soleil équatorial, dont la chaleur est tempérée par des pluies quotidiennes ; et la terre partout couverte, presque sans culture, d'une végétation merveilleuse ; les plantes les plus recherchées, les bois rares et précieux, tels que le cèdre, le palmier, l'acajou, le poivrier, le cacao, le coton, la canne à sucre, la vanille, le café, le tabac, etc., constituent le principal commerce d'exportation de Guayaquil, la *Perle du Pacifique*. Des légions d'oiseaux aux plus brillantes couleurs vivent dans les bosquets d'églantines et d'orchidées et du nectar des fleurs, tandis que le plus colossal des rapaces, le grand condor des Andes, y descend tous les jours, faisant deux fois en vingt-quatre heures le voyage de la Cordillère à la côte (en moyenne 160 kilom.) pour se repaître de poissons et de coquillages ; et que les forêts impénétrables abritent les animaux les plus redoutables.

Après avoir parcouru la plaine qui s'étend du Pacifique aux Cordillères, on arrive au pied des montagnes.

Les Andes de l'Amérique du Sud ne sont dépassées en élévation que par l'Himalaya. Ce qui caractérise les Andes, entre tous les autres grands systèmes de montagnes, ce sont les nombreuses bifurcations, ou, pour mieux dire, les dédoublements de la Cordillère. Huit fois, des frontières du

Chili à celles du Venezuela, les Andes se partagent pour former de grandes enceintes, enserrant un plateau entre deux ou même trois rangées de pics.

Au nœud de Cerro de Pasco, les deux Cordillères ne se rejoignent un instant que pour se diviser en trois chaînes, dont l'une va se perdre au nord-est dans la Pampa del Sacramento, tandis que les deux autres, entre lesquelles se trouve la haute vallée du Marañon, se réunissent à l'angle le plus occidental du continent, près des frontières méridionales de l'Equateur. Dans cette province, se succèdent divers petits plateaux couverts de forêts vierges ; puis, au-delà du nœud de Loja, les deux Cordillères séparent de nouveau leurs deux rangées parallèles de cîmes neigeuses ; là est la magnifique terrasse de l'Equateur. Les massifs transversaux sont les avenues grandioses des volcans : le Chimborazo, l'Illinissa, le Pichincha (ou Mont Bouillant), le Cotocachi, le Sangay, le plus redoutable du monde, le Cotopaxi et enfin le Cayambe, que traverse la ligne équatoriale.

Au sud de Pasto, s'élève le magnifique groupe de seize volcans, les uns déjà éteints, les autres toujours fumants, que domine le dôme superbe du Chimborazo, occupant un espace elliptique dont le grand axe est de cent quatre-vingt kilomètres ; ce groupe est souvent considéré comme un seul volcan à plusieurs cônes d'éruption, et chaque volcan de l'Equateur est comme un monde à part, ayant sa faune et sa flore spéciales.

Il fallait alors plusieurs jours pour faire l'ascension des Andes, traverser la double chaîne et parvenir au sommet du *plateau*, où se trouve Quito, la capitale, et la plus grande partie des villes et villages, avec la population la plus importante de l'Equateur. On s'y rendait à pied, à cheval ou à dos de mulet; les routes étaient absolument inconnues.

Cette région du *plateau* formé par le redoublement des Cordillères, nommée encore la *région tempérée* (tierras templadas), d'une altitude de 1,850 à 3,000 mètres, jouit d'un climat délicieux, d'une sorte de printemps perpétuel. La température généralement constante varie de 15 à 19 degrés pendant le jour, de 8 à 11 degrés pendant la nuit. A Quito, le vent souffle habituellement, jamais d'une façon violente ; il pleut chaque jour quelques heures ; avant et après la pluie, l'air y demeure d'une transparence admirable.

Au-dessus de Quito et au-dessus de 3,000 mètres sont comprises les *terres froides* (tierras frias) ; le climat devient plus âpre aux *paramos* ou déserts glacés qui s'étendent jusqu'à la limite des neiges perpétuelles, au-dessus desquelles s'élèvent les *nevados* ou pics neigeux, absolument inhabitables.

En descendant la seconde chaîne du côté oriental on arrive, après plusieurs jours encore d'un voyage pénible, à l'immense région du *Napo* qui va rejoindre le Brésil, formant par rapport à l'Océan le sommet d'un triangle dont la base serait la côte baignée par le Pacifique. Cette partie de l'Equateur est la plus étendue et la moins peuplée, à cause surtout de la chaleur intolérable des *terres brûlantes* (tierras calientes) qui atteint de 23 à 30 et même 35 degrès. Au contraire des rivières peu étendues du versant occidental, celles qui arrosent la région orientale de l'Equateur sont au nombre des grands cours d'eau d'Amérique. Le *Napo*, affluent de l'Amazone et qui a donné son nom à cette province, présente un volume d'eau considérable; du point appelé *Puerto del Napo* on peut se rendre à Quito en six ou sept jours.

Le fleuve des Amazones, sous le nom de *Vieux Marañon* ou sous celui de Tunguragua, puis sous son nom propre d'*Amazones* forme, dans une partie de son cours, la limite méridionale entre la Bolivie et l'Equateur. A son confluent avec le Huacabamba, il devient navigable pour de légers bateaux; mais cette navigation est aussi difficile que périlleuse, à cause des cataractes et des *pongos* (ou rapides) que présente cette partie de son cours. Le grand fleuve n'est vraiment navigable qu'à San-Borja, sur la limite de l'Equateur, à 600 kilomètres Sud-Est de Quito.

La population totale de l'Equateur ne dépasse guère 1,100,000 habitants, non compris les 200,000 Indiens sauvages du *Napo*.

Connaissant le théâtre magnifiquement décoré où notre héros va déployer ses talents, nous suivrons d'abord le jeune Gabriel à Quito.

CHAPITRE III

Garcia Moreno à l'Université. — La fermeté de sa conduite, son amour de la science. — Exploration du Pichincha.

Garcia Moreno avait voulu parvenir à l'Université, il y était admis ; il résolut de mettre à profit le temps précieux de ses études, et de s'avancer dans le chemin de la science au-delà des limites communes. Par un travail consciencieux, régulier, persévérant, il parvint bien vite à dépasser ses condisciples ; il avait sur eux tous les avantages qu'ont les caractères forts sur les caractères faibles ou indécis ; aussi les professeurs lui confiaient bientôt la tâche souvent ingrate d'admoniteur ; sans forfanterie, sans mesquines tracasseries, mais sans faiblesse ni partialité, le jeune surveillant maintenait le bon ordre, la subordination, le bon esprit entre tous les camarades, dont il s'était fait des amis aussi bien que des admirateurs ; et le niveau des études montait d'autant plus qu'on s'y appliquait sérieusement.

Après les cours supérieurs de grammaire, terminés en 1837, Gabriel allait aborder la philosophie, les mathématiques et les sciences au collège San-Fernando. Le gouvernement lui accordait une bourse, à condition qu'il professerait la grammaire, sans préjudice de ses propres études.

Royer Collard a dit : « Notre siècle a perdu deux choses : dans l'ordre moral, le respect ; dans l'ordre intellectuel, l'attention... ; passée à l'état d'habitude, elle constitue la présence d'esprit. »

Garcia Moreno était attentif ; et l'esprit observateur, élevé, judicieux, du jeune homme, ne fut pas longtemps satisfait de l'enseignement presque exclusivement *sceptique* des professeurs ; la philosophie purement naturelle, les suppositions et les doutes de l'école cartésienne ne suffisaient point à son âme. Dieu, le monde, la raison des choses ne lui semblaient pas expliqués sans les lumières de la foi ; il voulait tout savoir et ne se contenta jamais d'une nomenclature, suffisante tout au plus aux examens. En même temps qu'il étudiait les langues étrangères, Garcia Moreno savait par cœur Tacite et Virgile ; il suivait un cours de hautes mathématiques, et souvent parvenait à trouver les plus délicates solutions bien avant la démonstration du maître. Un jour, tout en parcourant un ouvrage d'histoire, Gabriel écoutait le raisonnement d'un théorème.

Tout à coup une voix s'élève :

« Le professeur se trompe ! » Et s'élançant d'un bond au tableau, l'étudiant résout le difficile problème à la grande satisfaction du maître, qui l'avait assez bien instruit pour en être repris lui-même.

Fidèle à ses devoirs religieux, Gabriel s'approchait chaque semaine des sacrements ; les nobles aspirations de son âme, les ardents désirs de son cœur ne semblaient pouvoir se contenter que de Dieu ; il rêvait d'embrasser la carrière ecclésiastique, et reçut même la tonsure des mains de l'évêque de Guayaquil, Mgr Garaïcoa. Mais la Providence avait d'autres vues et le destinait à devenir, selon l'expression de notre grand Charlemagne, *l'Evêque du dehors*, et le soutien de tous les évêques de son pays.

Loin des regards de sa mère, libre et déjà renommé par des succès réels entre tous les jeunes étudiants de son âge, Garcia Moreno, malgré ses vingt ans, menait une vie dure et austère ; il méprisait les fêtes et les plaisirs, comme indignes d'occuper un temps précieux ; il méprisait la fatigue et la surmontait par un travail prolongé, dont quelques heures seulement de sommeil sur un lit de planches le délassaient suffisamment. Nuits d'étude et de noble travail, bien différentes de celles que tant d'autres emploient au jeu ou au plaisir, et qui devaient féconder toute la vie de Garcia Moreno.

Le succès, et le succès en tout et toujours, fut la première récompense de ses labeurs ; savoir à fond, savoir toutes les sciences, exprimer nettement et brièvement avec une logique irrésistible ce qu'il jugeait sainement, tel est le caractère du talent de notre héros.

Gabriel allait commencer l'étude du *droit* dans l'Université de Quito. Les droits de Dieu avaient été remplacés, là, comme ailleurs, par les droits de l'homme ; c'est le jugement faussé sur toute la ligne. Aussi Garcia Moreno comprit qu'il aurait plus tard à faire bonne justice des questions qu'on enseignait sans les connaître, et que l'on voulait expliquer sans les comprendre ; il eut aussi, et comme d'instinct, la conviction que pour trouver la vérité, il fallait plus que la science du jurisconsulte, et qu'il devrait la chercher dans la loi divine : *lex tua veritas* !

Il donna dès lors de nouvelles preuves de l'énergie indomptable, base de sa grandeur morale ; physionomie agréable, regard de feu, taille haute, manières distinguées, franchise et loyauté, caractère sympathique et ouvert, intelligence élevée, conversation brillante et aimable, tout ce qui est occasion de chute pour le jeune homme ordinaire, devient pour le héros autant d'échelons pour arriver à la gloire. Il s'aperçoit un jour que les heures auparavant employées au travail, s'écoulent dans les causeries frivoles des salons ; à l'instant même, Garcia Moreno se lève, il traverse la rue et va se faire raser la tête comme un moine, pour dominer dans une solitude forcée la nonchalance qui voudrait arrêter ses efforts.

« Je veux arriver à ne craindre que Dieu, se répétait-il sans cesse intérieurement ; ni le danger, ni la mort, ne sont un mal, en effet, et jamais celui qui les redoute ne sera capable de grandes choses. » Instruit par les exemples de son père, Garcia Moreno avait pris l'habitude de réagir contre les faiblesses de la nature ; un jour qu'il se promenait en lisant, le soleil brûlant l'oblige à se réfugier sous une roche qui se trouve près du chemin ; bientôt, levant la tête, il aperçoit que ce bloc de pierre peut se détacher au premier mouvement et l'écraser dans sa chute. D'instinct l'étudiant bondit à l'écart ; mais « quoi, se dit-il, je reculerais devant la peur ? jamais ! » et pendant plusieurs jours il revient sous le rocher, jusqu'à ce que la crainte du péril se fût évanouie dans son âme.

À cette même époque (1845), avec son maître et ami Sébastien Wyse, il voulut explorer l'intérieur du Pichincha, et reconnaître par lui-même si la théorie soutenant que les éruptions volcaniques proviennent du bouillonnement des eaux souterraines est soutenable ou erronée.

Le terrible Pichincha, situé à l'Ouest-Nord-Ouest de Quito, n'en est éloigné, à vol d'oiseau, que de 18 kilomètres ; mais il faut sept ou huit heures à cheval pour aller de cette ville au sommet du volcan ; encore cette dangereuse entreprise ne peut-elle s'effectuer en un seul jour, tant les ravins et les précipices qui sillonnent les flancs de la montagne sont pénibles et difficiles à franchir et à éviter.

« Suivis d'un seul Indien, les hardis explorateurs arrivaient au premier jour jusqu'au pied des couches de pierre ponce et de sable qui couvrent la montagne, à une altitude de 3,693 mètres et que l'on nomme l'*Arénal* (la grève).

Là, il fallut gravir, à l'aide de bâtons ferrés, sur un sol mouvant et d'une pente rapide, la hauteur de 470 mètres où se trouve l'une des crêtes du volcan. L'immense cavité se compose de deux

entonnoirs qui semblent être le résultat de deux séries d'éruptions bien distinctes.

Le diamètre total des deux cratères est de 1,500 mètres, et la crête toute hérissée de pointes aiguës ou pyramides, lesquelles, vues à certaine distance, présentent l'aspect de dents de scie.

« Quoi, je reculerais devant la peur ! » (page 34.)

Chargés de leurs instruments, ils descendirent dans le cratère oriental au fond duquel se dessinent un grand ravin et un torrent. Après deux jours de travail pour lever le plan du cratère, ils entrèrent dans le cratère occidental où ils s'enfoncèrent à la profondeur de 415 mètres. Ce cratère est de forme à peu près circulaire et présente assez bien la figure d'un entonnoir ; au fond existe une petite plaine dans laquelle coulent deux torrents qui se réunissent à l'ouverture du cratère vers l'Ouest. Un monticule ou *cône d'éruption* est embrassé par ces deux torrents ; et quand ils sont pleins, ce cône apparaît comme une presqu'île au fond du volcan.

A la partie supérieure du cône, on rencontre deux groupes de bouches actives ; puis le groupe le plus imposant comprend dans un diamètre de 80 mèt. et de 20 mèt. de profondeur, environ quarante bouches ; cette cavité et les lieux qui l'environnent, offrent l'aspect des plus effroyables bouleversements ; des quartiers de roc mesurant jusqu'à 4 mètres de côté, de vastes cavernes formées de décombres jetés pêle-mêle, constituent les terribles cheminées d'où s'échappent une fumée brûlante et des vapeurs d'une température de 87 degrés. Les gaz produisent un sifflement aigu et effrayant ; le nombre total des bouches ignivomes est d'environ soixante-dix.

Les parois intérieures du volcan avec leurs tours gigantesques et leurs énormes rochers noircis, l'obscurité naturelle des cratères dans lesquels

Exploration du Pichincha (page 38).

les rayons du soleil ne pénètrent que cinq ou six heures par jour, les bouches volcaniques lançant des colonnes de fumée du fond d'un gouffre de 750 mètres de profondeur, tout cela donne aux cratères un aspect à la fois majestueux et terrible.

Après quatre jours de travail et d'observations scientifiques, les deux voyageurs et l'Indien, brisés de fatigue, résolurent de remonter le cratère ; mais un brouillard épais et une pluie fine les empêchaient de retrouver la route.

Garcia Moreno gravissait un ravin et venait d'atteindre un coude ou changement de direction, lorsqu'un tonnerre épouvantable lança au-dessus de sa tête une avalanche de gros projectiles qui passèrent à 2 mètres de lui avec un horrible fracas ; il fallut demeurer une cinquième nuit derrière un rocher, blotti à la mode des Indiens, c'est-à-dire la tête entre les genoux, après avoir soupé d'un morceau de glace.

« Le lendemain, dit M. Sébastien Wyse (1), nous recommençâmes à grimper. Mon compagnon, M. Garcia Moreno, montait sur un plan incliné fort dur, le pied lui manqua et il glissa sur le dos la longueur de 10 mètres, jusqu'à ce qu'il vînt butter contre une pierre qui fort heureusement ne se détacha point. Enfin, après des fatigues et des peines inouïes, nous atteignîmes le sommet du volcan. »

(1) Exploration du Pichincha par Séb. Wyse et G. Moreno : *Nouvelles annales des Voyages*.

CHAPITRE IV

L'Avocat vengeur du Droit chrétien. — Chute de Florès. — Urbina. — Garcia Moreno à Paris.

A vingt-trois ans, Garcia Moreno était docteur en droit, et, selon que s'exprimait en parlant de son élève le jurisconsulte Joachim Henriquez, « sa constante application à l'étude, son tact exquis du bien et du juste, son rare jugement lui faisaient déjà discerner toutes les réformes à introduire dans le code, pour améliorer la procédure et arriver à la plus parfaite justice. Le bien général, le progrès, la gloire de sa patrie, voilà les idoles de ce noble cœur. »

A ses yeux, l'orateur au barreau, l'avocat doit prendre pour mission d'éclairer les causes, et non de les embrouiller ; aussi refusa-t-il constamment celles dont la justice lui semblait contestable. Dans une circonstance délicate cependant, il s'égara.

Un prêtre avait été suspendu de ses fonctions par l'archevêque de Quito ; Garcia Moreno, le croyant victime de basses jalousies, plaida pour lui ; et s'appuyant sur les lois iniques, il en appela comme d'abus de la sentence épiscopale, jusqu'à ce que découvrant la culpabilité de son client, il lui retira spontanément son appui. Puis, avec la loyauté de son caractère, il se mit à étudier le droit ecclésiastique, et reconnaissant les empiètements sacrilèges de l'État sur les immunités de l'Église, il gémissait des théories anti-chrétiennes dont l'école libérale empoisonne les esprits et qui avaient surpris sa bonne foi.

Il est probable que cet évènement, nous pourrions dire cette *heureuse faute*, éclaira pour jamais le grand homme sur le danger de cette triste école du libéralisme dont il se montra dorénavant l'implacable adversaire. En attendant que sa vie fût consacrée tout entière aux intérêts publics de l'Équateur, il commençait la vie de famille en épousant Rosa Ascasubi, qui lui apportait avec une fortune considérable les trésors plus rares de l'intelligence, du cœur et du caractère.

Cependant l'intolérance des sectaires s'accentuait. Peu à peu le clergé catholique avait été exclu des fonctions civiles ; et non content de favoriser les faux cultes, le gouvernement ne reculait pas devant l'ostracisme contre les ministres du vrai Dieu. « Le peuple tout entier répondit à cet acte insensé autant qu'impie, par une protestation solennelle ; des sociétés patriotiques se formèrent dans les grandes cités pour organiser la résistance. »

Garcia Moreno se mit à la tête des jeunes opposants ; « il entendait que le gouvernement d'un pays doit sauver le peuple et non l'opprimer, défendre la religion et non la détruire ; » il attaqua dans des publications véhémentes les actes arbitraires du pouvoir, représenté par le Président Florès; et tandis que le grand nombre ignorant ou pusillanime acceptait la tyrannie, les décrets se succédant les uns aux autres condamnaient les récalcitrants à la privation de leurs emplois, de leurs bénéfices et même à l'expulsion.

La révolte contre le gouvernement persécuteur commença le 6 mars 1845 à Guayaquil; les jeunes gens s'emparèrent de la caserne, de l'arsenal et du port, pendant qu'un conseil composé des pères de famille déposait le Président et cassait les actes arbitraires de la Convention. En vain le général Florès essaya-t-il de résister; après deux mois de guerre il fut contraint de s'embarquer pour Panama, avec promesse de rester en pays étranger pendant deux ans.

On pourrait croire que la leçon était assez rude pour être comprise; mais si l'on avait changé de gouvernants on n'avait pas changé de gouvernement. Olmédo, homme de bien incorruptible, se vit préférer le commerçant Roca; les places dans toutes les administrations étaient promises et données au plus offrant : le système d'intimidation et de dénonciation semblait à l'ordre du jour.

Garcia Moreno entre en lutte ouverte. Dans une feuille publique dont il se déclare l'auteur, *le Fouet*, il ose dénoncer « l'ignoble marché par lequel chacun demande le poste le plus à sa convenance, comme on choisit dans un étalage des mets à son goût... »

« Le monde moderne, écrivait-il, ne reconnaît plus qu'une science, le calcul. Autrefois, l'arithmétique servait de guide dans le maniement des intérêts matériels ; aujourd'hui, elle dicte ses oracles à des prosélytes sans nombre ; elle impose ses décisions à la justice ; elle donne des lois à la conscience. L'amitié même ne dispense point ses consolations sans consulter *la règle d'intérêt*... Mais c'est surtout dans la politique que cette belle science des nombres trouve de merveilleuses applications... Les traîtres qui se moquent du peuple auquel ils promettent la liberté, se traînent comme des reptiles à l'assaut des emplois... Le temps c'est de l'argent, disent les Anglais. J'aime mieux mon adage : le bulletin de vote, c'est de l'or. »

Sur ces entrefaites, on acquit la certitude que Florès, favorablement accueilli en Espagne, préparait une expédition contre la colonie américaine émancipée. Garcia Moreno, dans une suite d'articles remarquables, pousse le cri d'alarme, suggère aux républiques voisines une mesure générale qui peut seule les mettre à l'abri ; il les somme de fermer leurs ports, non-seulement aux navires espagnols, mais à ceux de tous les pays où Florès avait pu recruter des soldats. La mesure était habile ; en effet l'Angleterre, atteinte dans son commerce, sollicita de Lord Palmerston l'embargo sur la flottille de Florès, et l'expédition fut ainsi manquée.

Garcia Moreno, pour combattre l'invasion,

s'était rallié au Président Roca ; il fut chargé de se rendre à Guayaquil pour y calmer l'effervescence populaire entretenue sous-main par les *Floreanos* (ou partisans de Florès). Par son sang-froid, les sages mesures qu'il établit et surtout par l'autorité de sa parole, Garcia Moreno rendit la paix à toute la province, sans accepter à aucun titre la récompense que lui offrait le gouvernement, dont il se préparait à combattre de nouveau l'attitude et les actes imprudents ou arbitraires.

La première imprudence du congrès de 1847 fut l'amnistie des révoltés ; « on avait échangé des coups de fusil pour savoir à qui appartiendrait le gâteau ; mais le plus fort consentait à en céder une partie au plus faible, pour ne pas être troublé dans son festin.. »

Au nom du *Diable* (*el Diablo*, titre d'un nouveau journal), Garcia Moreno demanda pourquoi dans le Ciel, « tout peuplé d'esprits rétrogrades, il ne se rencontrerait pas un génie assez *libéral* pour solliciter de Dieu un décret d'amnistie en faveur des anges rebelles, ces pauvres disgraciés qui ont erré dans leurs opinions à la suite de Lucifer... Évidemment, Dieu, qui est bon, se rendrait à des raisons de cette gravité... »

La nation sembla se réveiller aux accents émus de son défenseur ; mais on ignorait encore jusqu'où peut aller l'inertie d'un peuple trompé par les promesses de la Révolution.

Depuis vingt années, l'Équateur vivait sous la protection des prétendus *conservateurs* ; la multitude inconsciente votait de confiance à ses représentants les pouvoirs nécessaires pour opprimer l'Église, la famille et la propriété ; petit à petit, la république devenait entre les mains d'Urbina synonyme de radicalisme et d'anarchie.

Urbina, le protégé de Florès, chargé d'affaires à Bogota, se montra bientôt comme franc-maçon l'ennemi de la religion, du gouvernement et même de son bienfaiteur. Florès lui avait confié la province de Manabi, il la souleva contre Florès ; Roca avait par reconnaissance nommé le traître gouverneur de Guayaquil, le traître conspira contre son nouveau protecteur, et, par une ruse hypocrite, ayant fait monter au fauteuil le vieillard Naboa, il prétendait bien le remplacer, se contentant alors de renverser comme gouverneur de Guayaquil Manuel Ascasubi, le beau-frère de Garcia Moreno.

Mais à ce moment (1849-1850), le grand homme avait quitté l'Équateur ; il parcourait l'Europe, secouée elle aussi par les bouleversements. Il revenait en Amérique très-impressionné d'avoir vu les libéraux et les impies se rapprocher de l'Église par l'instinct inné de leur propre conservation, et demeurait de plus en plus convaincu que « Jésus-Christ est l'unique sauveur des peuples comme des individus, et qu'un État sans religion est irrémédiablement voué au sabre d'un autocrate ou au poignard des anarchistes. »

Quel ne fut pas l'étonnement de Garcia Moreno

en arrivant à Panama de rencontrer, en partance
pour l'Angleterre, les religieux de la Nouvelle-
Grenade, expulsés sans autre crime que celui
d'avoir fondé partout des missions et des collèges
florissants dont les succès alarmaient les francs-
maçons.

Toujours habile à profiter des fautes des Républiques voisines pour grandir la prospérité de
l'Équateur, Garcia Moreno ramenait à Quito les
exilés de Bogota et obtenait de Naboa le rétablissement des Jésuites, expulsés autrefois par
Charles III. Le décret réparateur rendait à la
Compagnie de Jésus ses biens meubles non aliénés
et sa magnifique église ; la joie du peuple tenait du
délire ; les rues étaient pavoisées et les acclamations enthousiastes saluaient partout le passage
des religieux.

La loi de rappel, votée après débats, ratifiée
par le Président et sollicitée par les pétitions
couvertes de signatures presque innombrables des
habitants de toutes les provinces, irrita les amis
prétendus de la liberté ; la presse payée par
Urbina jeta le cri d'alarme, les révolutionnaires
s'appuyant sur la Nouvelle-Grenade réclamèrent
le bannissement des Jésuites, dont le rappel menaçait, disaient-ils, la patrie, et un pamphlet odieux
circula contre les religieux ; Garcia Moreno tint
à honneur de les défendre.

« Chrétien et patriote, s'écrie-t-il dans un opus-
cule célèbre : *la Défense des Jésuites*, je ne puis
garder le silence sur une question qui intéresse

au plus haut degré la religion et la patrie... Je suis Catholique et fier de l'être.... J'aime ma patrie avec passion, et j'estime que c'est un devoir de travailler à son bonheur... La tyrannie me révolte partout où je la rencontre ; et je déteste la froide barbarie de ces hommes qui *savent rester neutres entre la victime et le bourreau*. Vous voulez ébranler les colonnes pour renverser le temple, et désarmer l'Église avant de l'opprimer.... La guerre est déclarée non pas aux religieux, mais au sacerdoce et à la foi Catholique. On proscrira les Jésuites, puis le clergé séculier, puis tous les vrais enfants de l'Église. Ainsi sera creusé l'abîme où s'engloutiront la Nouvelle-Grenade, et l'Équateur et toutes les républiques Catholiques. » Un seul homme de cœur par la noble audace de la vérité triompha de la secte, et le chef Urbina dut attendre encore pour s'emparer du fauteuil présidentiel.

Un péril d'un autre genre, et bien autrement redoutable que les Jésuites, menaçait l'indépendance de l'Équateur. Florès rejeté d'Europe arrivait à Lima pour y préparer une expédition et revenir triomphant à Quito. Aussitôt Urbina prit en mains cette nouvelle arme : « Evidemment le Président Naboa secrètement complice de Florès, n'avait appelé les Jésuites que pour lui attirer des partisans. » Plus une calomnie est absurde, plus elle trouve crédit dans les masses ; de plus Urbina gouverneur de Guayaquil, usant de son pouvoir pour exciter l'agitation, préparait des arcs de triomphe pour recevoir Naboa, pendant que ses généraux achetaient des partisans au conspirateur qui « *consentit* à leurs instances, et prit sur ses épaules *le fardeau du pouvoir*. »

Le Président Naboa entrait déjà dans le port, il approchait du quai, une garde nombreuse montait sur son navire comme pour lui faire escorte d'honneur, lorsque virant de bord le vaisseau se dirigea vers un bateau à voile. Le capitaine des gardes mettant la main sur Naboa : « Président, lui dit-il, je vous arrête au nom et par l'ordre du général Urbina, le nouveau chef. » Le vieillard emmené au loin, erra sur l'Océan pendant plusieurs mois et finalement fut exilé au Pérou.

Urbina *se laissa conduire* au palais, où il ordonna à ses créatures réunies en congrès, de ratifier son élévation et d'abroger enfin les lois conservatrices jusqu'alors en vigueur ; cependant comme il importait de ne pas irriter trop ouvertement *le peuple souverain*, on n'osa voter les mesures de proscription qu'à huis-clos, et dans les dernières heures du dernier jour du congrès.

« Il y a dans la vie des peuples modernes de ces moments d'expiation douloureuse. Comme Adam, ils ont rejeté Dieu pour être *libres*, ils deviennent comme lui les esclaves du serpent qui les fascine jusqu'à leur faire perdre l'idée de la vraie liberté... Quelques-uns en viennent à prétendre que de nos jours, le meilleur moyen est de hurler avec les loups... »

« Garcia Moreno incapable (il l'avait écrit) de rester indifférent entre la victime et le bourreau » était non moins incapable de se taire... Il pensait qu'il est toujours opportun de troubler le repos des méchants... Que plus les voleurs aiment le silence, plus on a raison de faire du bruit. » Sa première publication fut une satire virulente contre Urbina et ses suppôts... Et ajoutait avec indignation l'ardent patriote « le peuple ainsi torturé, pleure et... se résigne ! »

En face de la dure vérité, Urbina se sentit trop faible pour sévir contre un homme de la valeur et de l'influence de Garcia Moreno, mais il lui jura une haine implacable ; lorsque parut le journal hebdomadaire *la Nacion*, le Président en vertu de son pouvoir suprême menaça les rédacteurs, Garcia Moreno et ses amis, de la déportation. Jamais le grand homme n'avait reculé, ce n'était pas la crainte qui pouvait lui faire abandonner le poste de combat. Sachant bien ce qui l'attendait, il démasqua toutes les bassesses du gouvernement, l'emploi illégal et injuste du budget, la vénalité des charges, la persécution religieuse, tous les excès enfin qui tôt ou tard causent la chûte du pouvoir et la décadence des peuples.

Puis, voulant forcer les agents de police à l'arrêter publiquement, il se rendit sur la place et les suivit sans résistance, à cheval, avec trois amis condamnés comme lui à l'exil.

C'est à Pasto, premier village de la Nouvelle-Grenade, qu'on s'arrêta d'abord sur le chemin de

Bogota, Garcia Moreno dès cette première étape, trompant la vigilance de ses gardiens gagnait les montagnes pendant la nuit, et rentrait déguisé à Quito pour recommencer la lutte. Dans la capitale même, non plus qu'à Guayaquil, il ne trouva les caractères assez trempés pour la résistance ; « alors il s'embarqua pour le Pérou. »

C'est là que la province de Guayaquil allait le chercher pour la représenter au Sénat ; le Président furieux déclara que Garcia Moreno ne siègerait pas ; le Congrès après un semblant de protestation, céda ; et les journaux de l'État tentèrent de calomnier le patriotisme de l'élu pour couvrir la mesure arbitraire.

Cette fois c'est en démasquant les attentats d'Urbina et de ses séides, que Garcia Moreno jeta aux quatre coins de l'Équateur la *Verdad* ; (la vérité) donnant les pièces en main les preuves d'accusations accablantes, dans ce pamphlet qui peut être regardé comme une nouvelle catilinaire. Il termine en appelant l'heure de la délivrance, laquelle ne peut sonner que si la Providence suscite « un homme capable de faire l'œuvre de Dieu. »

Résolu d'attendre le réveil de la nation asservie, Garcia Moreno se rendait à Paris pour se perfectionner par le travail ; l'empire qu'il exerçait sur lui-même, son amour de la science le préservèrent des entraînements de la capitale.

Ses travaux d'avocat, les luttes politiques ne l'avaient jamais détourné de l'étude du droit, de

4

l'histoire, des mathématiques transcendantes, non plus que des sciences, en particulier de la chimie dont il voulut d'abord approfondir tous les secrets. Il ne sortait des leçons du célèbre Boussingault, qu'il avait déjà connu à l'Equateur, que pour s'enfermer avec ses livres et ses instruments, et travailler jusqu'à une heure avancée de la nuit. Il plaignait les jeunes gens de son âge dont les facultés, le temps, la santé même s'usent et se perdent dans le désœuvrement des cercles et des théâtres, quand tout cela ne disparaît pas avec la fortune et l'honneur dans l'ivresse des plaisirs ou du jeu. Bien plus, Garcia Moreno pour ne pas employer quelques minutes à allumer ses cigares, donnait à un ami la provision apportée de l'Equateur.

Entre temps et comme repos d'esprit, il se distrayait des sciences exactes par les études littéraires, il se faisait initier aux méthodes d'enseignement à tous les degrés ; à l'organisation militaire, au progrès même de l'industrie, jugeant de toutes ces choses selon la foi, la raison et le bon sens. Il étudiait surtout les principes du droit chrétien, et cette philosophie de l'histoire qui fait découvrir le gouvernement de Dieu dans les choses humaines ; il comprit que le peuple de Dieu doit être gouverné chrétiennement pour avoir la liberté, le progrès, la véritable civilisation.

Malgré l'éducation forte et chrétienne qu'il avait reçue, Garcia Moreno avait négligé pour l'étude les devoirs de la piété ; la foi cependant, la foi éclairée par la science, la foi qui *sait* et peut défendre ses croyances, devait le ramener bien vite à la pratique; et le moindre choc avec un incrédule à convaincre, allait rallumer la flamme de l'amour divin qui éclairera désormais sa vie

tout entière. En se promenant un jour avec quelques amis, Garcia Moreno s'attristait sur un compatriote assez aveugle pour refuser à la mort les secours de sa religion; les jeunes écervelés trouvaient plaisant de louer le triste courage

« Cette religion si belle, la pratiquez-vous? » (page 52).

du malade, répétant à l'envi les absurdes calomnies contre l'Église et ses ministres. Garcia Moreno réfuta l'une après l'autre et victorieusement toutes les objections, lorsque le plus ardent frondeur croyant faire tomber enfin la chaleur de la discussion osa répliquer :

« Vous parlez très-bien de cette religion si belle, il est vrai ! mais dites-moi, la pratiquez-vous ? Depuis quand vous êtes-vous confessé ? »

A l'ardeur du génie, Garcia Moreno joignait la loyauté des âmes droites, il répondit aussitôt :

« Le reproche que vous me faites comme argument peut être juste aujourd'hui ; je vous donne ma parole que bientôt il ne vaudra rien ! »

Le lendemain Garcia Moreno était à Saint-Sulpice à la sainte table ; car, dès le soir même, après avoir prié et médité longtemps il était allé trouver un prêtre, et demander pardon à Dieu de ne l'avoir pas servi et aimé, comme il a le droit d'être aimé et servi.

Dès ce moment et jusqu'à sa mort, non seulement la foi, mais la plus tendre piété donnèrent aux vertus de Garcia Moreno un appui inébranlable, et la perfection même qui devait lui mériter la palme du martyre : « Assez fort pour se mesurer avec la Révolution, assez humble pour s'agenouiller devant l'Église, il était de la race des vrais libérateurs, et Dieu pouvait lui rouvrir les portes de sa patrie. »

DEUXIÈME PARTIE

LE RÉVEIL & LA LUTTE

CHAPITRE V

Garcia Moreno recteur de l'Université et alcade à Quito. — Polémique. — Garcia Moreno sénateur. — Le Président Roblez conspire avec Urbina. — Dictature de Franco.

« Quand je me décidai, en 1851, à intervenir, dans la politique du pays, disait Garcia Moreno, je considérai que l'Équateur, pour commencer une ère de véritable prospérité, avait besoin d'une triple période de juste et sage administration : période de réaction, période d'organisation, période de consolidation. »

Selon le programme même de notre héros, nous classons ses premiers efforts pour réveiller par la parole et par la plume les bons citoyens, et les enrôler dans ce que l'on a si bien nommé la *croisade contre-révolutionnaire,* avec la première période de son élection à la Présidence, pendant laquelle « il lui fallait quelquefois, à sa grande douleur (ce sont ses propres expressions), employer la force pour extirper les maux invétérés qui avaient pénétré profondément tout le corps social. »

Pendant les deux années que Garcia Moreno avait passées à Paris, Urbina, terminant le temps de sa présidence, était parvenu à force d'intrigues, d'intimidations et de proscriptions, à faire nommer un de ses amis, Roblez, pour lui succéder. Les vrais enfants de l'Équateur profitèrent de l'enivrement du nouveau maître pour demander comme don de joyeux avènement le rappel de Garcia Moreno. Roblez s'empressa d'accéder à ce désir, dans l'espoir que l'amnistie des criminels ayant satisfait les méchants, le retour du grand justicier de la République lui rallierait encore les conservateurs.

La capitale reprit courage en revoyant Garcia Moreno ; il fut aussitôt élu *alcade* (juge), et devant la sévère justice de cet homme intègre, il ne fallait plus compter acheter les décisions des tribunaux.

L'Université le choisit pour recteur à l'unanimité de ses membres ; tout était à refaire, car Urbina, pour gagner les jeunes gens, avait, par la loi de *la liberté des études*, autorisé les élèves à prendre leurs grades sans suivre les cours. Avec quelques piastres, ils achetaient le bureau d'examen. Le recteur agit avec tant de force et de sagesse que la funeste loi demeurait à l'état de lettre morte ; lui-même, stimulant le zèle des élèves et celui des professeurs, présidait aux examens et n'admettait que les candidats instruits et travailleurs.

Les laboratoires, les instruments, les maîtres eux-mêmes avaient semblé trop coûteux au gouvernement, la faculté des sciences était supprimée et les expériences réputées *dangereuses!* Garcia Moreno prit à tâche de remettre en honneur cette branche de l'instruction et se chargea du cours. A l'aide du magnifique cabinet de chimie qu'il avait complété à Paris et dont il se défit aussitôt pour l'Université, il ajoutait aux leçons ordinaires des expériences publiques, appliquant les sciences à tous les progrès de l'agriculture et de l'industrie; sa parole entraînante, sa prodigieuse mémoire que nul ne trouvait en défaut, cet ascendant merveilleux qu'exerçaient sur les jeunes gens la flamme de son génie et l'énergie de son caractère, gagnèrent bien vite les étudiants, et l'enseignement reprit le niveau désirable.

Cependant on allait atteindre l'année 1857, les élections du Congrès devaient être précédées de celles des sénateurs; Garcia Moreno se décidait à poser sa candidature; il voulait affranchir sa patrie dans le sens vrai et large du mot, et, comme il le disait, « réveiller une nation abreuvée d'outrages, réduite au désespoir, par une longue série de revers, et qui en était arrivée à chercher dans le sommeil l'oubli de ses douleurs. »

Il fonda un journal d'opposition sous le titre d'*Union nationale;* appelant le concours de tous les catholiques déterminés, il poussait énergiquement à la résistance, sommant les électeurs d'accomplir leur devoir coûte que coûte et de ne se laisser intimider ni par les employés transformés en espions, ni par les menteuses promesses du pouvoir, ni par les brigades armées qui gardaient les urnes et imposaient aux citoyens craintifs les noms des candidats. « En effet, les comices électoraux se hasardaient-ils à nommer quelques députés consciencieux et indépendants, Urbina réclamait leur invalidation, la majorité suivait... sinon l'autocrate prononçait la peine d'exil au Napo ! »

Le jour des élections, les menaces, les injures mêmes excitèrent l'indignation, les jeunes gens résolus à garder leur liberté, se placèrent devant les urnes ; une collision s'ensuivit, il y eut quelques tués et blessés dans les deux camps, mais le triomphe resta aux bons députés, grâce à l'influence de Garcia Moreno. « Équateur, avait-il dit, les voilà ces hommes qui te vantent chaque jour la souveraineté du peuple et qui ne respectent même pas la liberté des électeurs ! »

Roblez, cependant, comptait toujours sur la faible complaisance des majorités, tandis que Garcia Moreno était résolu de battre en brèche toutes les lois contraires aux intérêts de la religion et au vrai bonheur du peuple ; dans ce but il continua l'*Union nationale*, et par un compte-rendu impartial, mais ferme et précis des séances, il adjurait les Chambres de ne se laisser dérouter ni par les menaces ni par les flatteries. « Le législateur, disait-il, comme le magistrat, ne peut impunément faire-le-mal ou omettre le bien. »

Puis le sénateur incorruptible demanda le compte scrupuleux des dépenses ; car pour se procurer de l'argent, Urbina avait laissé en héritage à Roblez le procédé bien simple de lancer des *décrets financiers* ou contributions forcées, sous prétexte d'une menace secrète d'invasion par Florès, dont on évoquait à tout propos le spectre imaginaire, lequel s'évanouissait après la perception de l'impôt.

Le premier objet de la réforme devait être l'impôt de *capitation ;* on nommait ainsi la contribution de trois piastres que l'on exigeait des Indiens, systématiquement exclus de toutes les charges, comme dédommagement des services qu'on les disait impropres à rendre au pays ; Garcia Moreno en obtint l'abolition aux enthousiastes applaudissements de tous.

Par une loi votée dans le Congrès, il obtint la « dissolution des sociétés secrètes, des loges maçonniques et autres associations réprouvées par l'Eglise (loi du 13 novembre 1857) ; » il présenta un travail sérieusement appuyé sur l'étude des sociétés européennes les plus savantes, contre les abus de la collation des grades à l'Université, pour combattre « l'ignorance progressive et la décadence des écoles et des collèges. »

Mais de tous ces efforts, il ne resta que l'abolition de la capitation ; car le gouvernement en appela d'abord au Congrès mieux informé, et parvint à lasser la patience de quelques opposants qui abandonnèrent les lois déjà votées.

Sur ces entrefaites, la guerre avec le Pérou éclata ; il fallait des hommes et de l'argent. Urbina et Roblez sollicitèrent du Congrès des pouvoirs illimités et le transfert de la capitale à Guayaquil, cité ardente et foyer de révoltes. Un instant on pensait accorder ces demandes, mais Garcia Moreno prouva que l'on avait de l'argent et des hommes ; on apprit que les indignes gouvernants parlaient de céder clandestinement aux États-Unis une partie du territoire de la République, les îles Gallapagos, moyennant trois millions de piastres (environ quinze millions de notre monnaie) ; pour conclure ce pacte honteux, il était plus commode de se rendre à Guayaquil, port de mer où les envoyés des Etats-Unis devaient se trouver. L'indignation générale éclata si bien, que le Sénat, puis les députés, retirèrent à une immense majorité les pouvoirs accordés à Roblez et à Urbina.

C'en était trop pour que Garcia Moreno pût échapper à leur vengeance : son arrestation fut résolue et ordonnée ; mais entouré de la jeunesse, qui le gardait à vue pendant les séances et jusqu'à son domicile, il échappait aux séides sans avoir fait un pas pour éviter leurs guets-apens. Comme ses amis le pressaient de ne pas se rendre au Sénat, il répondait : « Je ne reculerai jamais devant de vils criminels, non plus que devant un danger quelconque. »

Cependant le général Castilla, envoyé par le Pérou venait d'entreprendre le blocus de Guayaquil ; le Congrès permit à Roblez de transporter la capitale à Riobamba ou à Cuença pour le temps de la guerre, et s'offrit à voter les subsides nécessaires à la défense nationale.

Ce n'était pas le compte des misérables gouverneurs. N'osant dissoudre le Congrès, Urbina obtint de ses affidés qu'ils déserteraient le poste au moment du vote, et rendraient ainsi, faute du nombre nécessaire de voix, toute délibération impossible. Les deux dictateurs improvisèrent alors un nouveau gouvernement sous le nom de *Direction de la guerre,* Urbina comme général en chef de l'armée, et Roblez, comme *directeur suprême*, se partagèrent le pouvoir.

Cet audacieux attentat réveilla enfin le zèle des vrais fils de l'Equateur. Sénateurs et députés protestèrent avec indignation contre la dissolution déloyale du Congrès ; néanmoins Urbina transporta la capitale à Guayaquil, le seul pouvoir qu'on lui eût refusé. Le conseil municipal de Quito se joignit aux protestations des Chambres, et le libraire Valentia se fit pour toujours un nom parmi ses compatriotes par son zèle à publier ces nobles revendications. Il paya de sa vie le courage de sa conduite ; condamné à l'exil avec quelques collaborateurs, à peine étaient-ils dans la plaine que des assassins transformés en gardes fusillèrent Valentia, les compagnons de sa disgrâce parvinrent à fuir. Garcia-Moreno prit la plume pour venger non-seulement les innocentes victimes d'Urbina, mais les généraux mêmes, incarcérés pour avoir réclamé l'exécution des lois ; puis il se rendit à Guayaquil pour s'entendre avec ses amis, et s'embarqua pour le Pérou, désirant conférer avec le général Castilla, qui avait dit bien haut que la guerre n'avait pas été déclarée à l'Equateur, mais au misérable gouvernement du pays.

A ce moment même, un affreux bouleversement ébranlait à Quito les palais et les édifices ; en quelques secondes, la capitale était menacée de disparaître. Les généraux Maldonado et Darquea se prononcèrent avec l'armée de Guayaquil contre Roblez, Urbina et leur général Franco. Darquea était parvenu à arrêter Roblez, lorsque Franco lui tira un coup de pistolet et l'étendit raide mort. Maldonado se troubla et consentit à traiter avec Roblez ; néanmoins celui-ci perdait tous les jours de son crédit ; le 1ᵉʳ mai 1859, les jeunes gens de Quito, appuyés de tous les bons citoyens, s'emparèrent des casernes, prononcèrent aux cris enthousiastes du peuple la déchéance des dictateurs et nommèrent Gomez de la Torre, Carrion et Garcia Moreno pour former un gouvernement provisoire, en attendant la réunion d'un Congrès ; puis on fit parvenir à toutes les provinces la nouvelle de cet évènement et les seuls territoires de Cuença, de Loja, de Guayaquil et Manabi, occupés par les troupes d'Urbina, n'adhéraient pas au gouvernement provisoire.

Garcia Moreno fut promptement rappelé du Pérou, par ceux qui avaient assez compté sur son patriotisme pour le mettre à leur tête sans le consulter. « Accourez, vaillant libérateur, lui écrivait-on, les volontaires vous attendent et brûlent de se ranger sous vos ordres. »

Garcia Moreno débarquait près d'un petit port, traversant les déserts et les montagnes par des sentiers connus seulement des indigènes ; son guide, piqué par un serpent, succombait en peu d'instants, lui-même s'égara ; il dut abandonner sa mule trop fatiguée et continuer à pied pendant deux jours, sans nourriture, un chemin qu'il ne connaissait pas. La Providence lui fit rencontrer une hutte de berger ; le pâtre était absent, Garcia Moreno pétrit à la hâte un gâteau de farine d'orge et arriva enfin à Quito, où, sans prendre un repos qui semblait nécessaire, il se mit à l'œuvre avec ce programme bien digne de lui :

« Que tous les citoyens s'unissent pour créer enfin des institutions civilisatrices et une République digne de ce nom. »

Le premier soin devait être de refaire l'armée et de la mettre en état de résister aux troupes de Roblez, qui marchait avec 1,500 hommes vers Quito.

Garcia Moreno avait dès longtemps médité et approfondi tous les ouvrages traitant de la science militaire ; il maniait également le pistolet, la lance et l'épée ; dans ses voyages en Europe, il avait assisté à toutes les grandes manœuvres et recueilli de la bouche des officiers de toutes armes les leçons de l'expérience. Doué d'une santé robuste, d'une taille élancée et d'un tempérament énergique, d'un jugement prompt et sûr, d'une audace généreuse qui ne reculait devant aucun danger, le noble Garcia Moreno voulait peut-être atteindre trop vite le résultat, et son ardeur ne savait pas assez attendre.

C'est ainsi que sans compter le nombre des ennemis, il osa attaquer avec huit cents hommes mal équipés et peu aguerris, les troupes d'Urbina, admirablement retranchées près de Tumbuco ; après six heures de combat, où les soldats firent des prodiges de valeur, Garcia Moreno, obligé de se retirer dans les montagnes avec ceux qui avaient survécu, oubliait sa propre sûreté pour secourir les blessés et consoler les mourants. Lorsqu'il eut accompli sa douloureuse mission, il s'aperçut qu'il était seul au milieu du champ de bataille, sans monture et sans compagnon.

Tout-à-coup le colonel Vintimilla passe en fuyant ; le brave colonel met pied à terre.

— Prenez mon excellent cheval et fuyez dans les montagnes, dit-il à Garcia Moreno.

— Non, certes, colonel, que vous arriverait-il ?

— Qu'importe, s'écrie Vintimilla, il ne manquera pas de colonels, mais *nous n'avons qu'un Garcia Moreno.*

Et prompt comme l'éclair il disparaît, laissant son cheval à Garcia Moreno, qui parvient à Ambato, où, après lui avoir donné un peu de nourriture, un cheval et un écuyer, les habitants se confient de nouveau à son courage.

— Qu'allez-vous faire dans une situation si critique, lui demandait un ami ?

— Continuer ma tâche, reprit vivement Garcia Moreno, jusqu'à ce que nous ayons fini... Si difficile qu'elle soit, Dieu aidant, je l'accomplirai, pourvu que nous ne perdions ni confiance, ni courage !

Quito accueillit le vaincu de Tumbuco comme l'ancienne Rome accueillait les généraux malheureux qui « ne désespéraient pas de la République. » Le gouvernement provisoire jugea que l'insuffisance des troupes nécessitait d'éviter la rencontre d'Urbina ; et Garcia Moreno dut se rendre au Pérou pour obtenir l'intervention de Castilla contre Florès, Urbina et Franco.

Il n'arrivait à Payta qu'après avoir échappé aux sicaires d'Urbina par une sorte de miracle ; il traversa la Cordillère et parvint à trouver un canot dont le maître s'engageait à le conduire jusqu'à la côte moyennant une grosse rétribution. « Garcia Moreno se fit entourer et couvrir de dattes et fruits de toute espèce, de sorte que le patron de la barque, ainsi transformé en marchand de comestibles, arrivait à destination sans que personne eût pu soupçonner qu'il avait à son bord celui que cherchaient tous les sbires d'Urbina. »

Garcia Moreno, dans l'entretien avec Castilla, eut promptement deviné que, sous les dehors d'une bienveillance affectée, le général n'abandonnait pas l'espoir d'obtenir pour le Pérou la portion du territoire en litige, et que pour s'assurer son appui, il suffirait à un ambitieux d'aliéner les possessions de l'Equateur. Aussi quitta-t-il promptement Payta pour tenter près du général Franco une démarche destinée à empêcher la guerre civile, qui allait se joindre à la guerre étrangère.

Franco parut disposé à délivrer l'Equateur d'Urbina et de Roblez, mais sa pensée intime était de chasser les tyrans pour s'élever à leur place, et voulant s'assurer à lui-même l'appui de Castilla, il engageait les provinces maritimes de l'Equateur à se donner spontanément au gouverneur! Roblez et Urbina, effrayés, se rendirent successivement à Guayaquil pour conjurer l'orage; Franco les fit brutalement saisir l'un après l'autre et embarquer pour l'exil. L'Equateur se trouvait en même temps délivré des deux dictateurs, au profit d'un troisième, de Franco, qui se faisait proclamer chef de la République par son propre parti, sans tenir compte des provinces de l'intérieur, plus que jamais dévouées au gouvernement provisoire établi à Quito.

CHAPITRE VI

Désintéressement de Garcia Moreno pour empêcher la guerre civile. — Drame de Riobamba. — Passage de l'Estero Salado. — Prise de Guayaquil.

En même temps que la guerre étrangère, la guerre civile était imminente ; mais les troupes d'Urbina exilé se réunirent promptement au gouvernement provisoire ; les volontaires de toutes les provinces venaient se ranger sous les ordres de Garcia Moreno dont le nom, le zèle, les talents et l'ardeur animaient partout le courage et le dévouement.

Néanmoins, entre tous ces soldats enrôlés spontanément, la persévérance dans les fatigues de la guerre n'égalait pas le premier élan ; on devait s'attendre aux désertions et bientôt elles se multiplièrent. Garcia Moreno déclara que le déserteur serait considéré comme traître et fusillé ; en peu de jours le mal était arrêté.

Quant aux armes, elles manquaient presque absolument. L'hacienda d'un généreux Équatorien, M. Juan Aguirre, fut transformée en fabrique d'armes ; Garcia Moreno improvisa les ouvriers, les ingénieurs, surveillant les travaux, rectifiant le tir et ne laissant pas une négligence s'introduire dans l'atelier de Chillo.

Par un sublime désintéressement, par un oubli trop rare de sa gloire, Garcia Moreno, tout en préparant la guerre, continuait à tenter d'obtenir une paix honorable. C'est ainsi que, retournant vers Castilla, il lui présentait la proclamation dans laquelle il avait écrit : « Le Pérou n'a pas pris les armes contre l'Équateur, mais contre les misérables qui l'oppriment. » Ces misérables avaient disparu, la guerre devait donc cesser. Castilla, poussé dans ses derniers retranchements, demandait la cession de territoire comme première condition. Garcia Moreno, indigné, se retournait vers Franco et faisait appel à son patriotisme, il le suppliait une dernière fois d'unir leurs forces contre l'invasion étrangère, au lieu de les diviser dans une lutte intérieure ; comme preuve de sa loyauté, il proposait de se retirer, et de céder à Franco le titre de général ; l'hypocrite feignit d'accepter, mais lorsque Garcia Moreno, qui se doutait du piège, se mit en devoir d'amener ses renforts à Guayaquil, Franco refusa net et n'eut pas honte d'envoyer sur la route de Quito des scélérats armés pour saisir et massacrer le généreux Moreno, idole du peuple entier.

Le grand homme, avare de son temps, avait une manière à lui de voyager ; il savait franchir les pentes, les défilés, gravir les sommets, descendre les précipices par des sentiers inconnus et avec une telle vitesse qu'il défiait à la course les Indiens eux-mêmes. Les assassins ne purent le joindre, et Garcia Moreno arrivait à Riobamba, après avoir visité les troupes de Guaranda, et pour y demeurer quelques jours.

Or les soldats de Riobamba, pour la plupart enrôlés par Urbina et Roblez, avaient été gagnés au parti de Franco et même de Castilla. Tout à coup le commandant Cavero pénètre de nuit dans l'appartement de Garcia Moreno, et le somme de renoncer pour sa part au gouvernement provisoire : « Jamais, » répond avec une laconique fierté le héros ; et aux menaces de Cavero il ajoute vivement : « Assez !... vous pouvez briser ma vie, personne ne brisera ma volonté. »

Alors le capitaine Palacios mit la main sur l'intrépide défenseur de la patrie et le fit conduire en prison jusqu'au lendemain, où il serait fusillé s'il persistait dans son refus.

Garcia Moreno ne perdit pas un instant sa présence d'esprit ; en face de la mort à bref délai, il se rendait compte que ses ennemis étaient assez lâches pour l'assassiner dans la prison. Tout d'abord il se mit à genoux pour faire à Dieu librement le sacrifice de sa vie ; puis il se donna tout entier à la méditation des moyens à prendre pour la sauver s'il était possible.

Les troupes, excitées et mutinées par Cavero, avaient bu et crié avec excès. Profitant du désordre pour obtenir d'arriver jusqu'au prisonnier, le serviteur d'un ami pénétra près de Garcia

Moreno, lui fit observer qu'il lui serait facile d'escalader les murs et promit qu'un cheval l'attendrait au dehors pour aider à son évasion.

« — Dites à votre maître, répondit Garcia Moreno, que je le remercie ; mais je sortirai par la porte, non par la fenêtre. »

Peu après, ce qu'il avait prévu arriva ; les sentinelles se joignant aux soldats dispersés ne laissaient qu'un garde à la porte de la prison. Garcia Moreno, dans le calme et l'énergie de sa dignité, s'approche du soldat et lui dit d'un ton de maître :

« — A qui as-tu fait serment de fidélité ?

« — Au chef de l'État, répond le gardien.

« — Le chef de l'État, c'est moi ! N'as-tu pas honte de trahir ainsi la patrie ! Tu le sais, ces hommes sont des rebelles et des parjures... Je te ferai grâce si tu veux accomplir ton devoir. »

Quelques minutes après, Garcia Moreno avait recouvré la liberté, rejoint un fidèle général et retrouvé à Talpi quatorze braves décidés à le suivre jusqu'à la mort. Avec eux l'intrépide héros retourne sur Riobamba, où le silence de l'ivresse et la terreur d'une nuit de pillage devaient favoriser son audacieux projet. Plusieurs chefs avaient pris le chemin des montagnes pour soustraire leur butin aux envieux ; la plupart ainsi que Palacios étaient ivres-morts. Garcia Moreno et ses braves s'emparent aisément des officiers ; un conseil de guerre les condamne à mort, et c'est à peine s'ils se réveillent pour recevoir le prêtre qui leur offre son ministère. En peu d'instants, les soldats étaient rentrés dans l'ordre, et Garcia Moreno poursuivit les fuyards qu'il atteignit à Mocha, au milieu de la nuit; ils furent aussitôt saisis et garrottés au nombre de quatre-vingts, et renvoyés,

« A qui as-tu fait serment? »

sous la conduite de cinq braves, dans les prisons de Riobamba; le reste se dispersa dans les montagnes.

Pendant que Garcia Moreno tentait au prix de mille dangers de relever l'Équateur, Franco, sous prétexte de traiter avec le Pérou, favorisait le débarquement des troupes de Castilla à l'embouchure du Guayas (*qui a donné son nom à Guayaquil*). Garcia Moreno, malgré sa bravoure, comprenait avec ses deux collègues que l'armée, à peine recrutée, encore insuffisamment exercée, ne pouvait repousser les 6,000 hommes de Castilla ; il songeait à mettre la petite République de l'Équateur sous la protection du pavillon français. « Il ne s'agissait pas, faisait-il remarquer, d'annexer l'Équateur à la France, pas même d'en faire une colonie ; mais de se couvrir de l'alliance française contre une horde de traîtres et d'étrangers (1). » La motion examinée fut rejetée comme inefficace, à cause du peu de solidité du gouvernement de la France ; le génie de Garcia Moreno allait la rendre inutile.

Bien résolu d'épuiser tous les moyens de conciliation avant de poursuivre la guerre, « le gouvernement de Quito accepta d'envoyer deux plénipotentiaires à la conférence proposée par Castilla ; mais avec la défense expresse de compromettre en rien l'intégrité du territoire ou l'indépendance de la nation. » A la première nouvelle de cette restriction, Castilla prononça le mot de *duperie*,

---

(1) Cette proposition fournit plus tard, aux ennemis de Garcia Moreno, une ample matière d'accusations et d'insultes ; comme si le fameux principe de *non-intervention* dans un cas de péril extrême n'était pas un principe sauvage. Nous en avons fait chèrement l'expérience, lorsque dans la guerre de 1870 nous avons été livrés, comme par un juste châtiment de Dieu, à nos ennemis, sans qu'un seul allié ait pris notre défense !

Franco s'abandonna avec fureur à sa colère, emprisonna les délégués de Quito, les tint longtemps au secret, puis leur offrit l'aliénation du territoire comme condition pour recouvrer la liberté.

Comme bien l'on pense, tout fut inutile; ils préféraient la captivité et la mort à la trahison; et sans l'intervention de l'Angleterre qui exigea pour eux des passe-ports, peut-être les délégués auraient-ils succombé. Ils ne quittèrent pas l'Équateur sans protester publiquement et énergiquement, contre le gouvernement tyrannique qui provoquait la guerre civile sous les yeux même de l'envahisseur.

Garcia Moreno, dans une proclamation sublime, joignit sa voix à la leur, et rappela que l'armée dont il prenait la conduite allait défendre « l'honneur, la nationalité, la patrie et l'intégrité du territoire. »

Les troupes de Franco, commandées par le colonel Léon, attendaient dans une position redoutable, sur les hauteurs de Piscurco, les soldats de Guayaquil, lorsque surprises par Garcia Moreno qui dissimulait habilement la marche de ses hommes, elles se trouvèrent enveloppées et délogées par l'impétuosité de l'attaque ; le colonel Léon, poursuivi à outrance par les jeunes recrues dont il fut impossible de modérer l'ardeur, disparut derrière les montagnes.

Alors, profitant de la victoire, Garcia Moreno envoyait une partie de l'armée au devant du commandant Zerda ; le colonel Maldonado attendit qu'il fût engagé dans les plaines, toujours en ce pays entourées de montagnes, pour lancer son infanterie à la baïonnette et achever la déroute à l'aide d'une charge de cavalerie. De là, Maldonado s'avançait vers Cuença lorsqu'il rencontra le colonel Ayarza marchant vers lui ; mais en apprenant la déroute de Zerda, en voyant le grand nombre des soldats de Maldonado, Ayarza capitula et ses troupes renforçaient avec enthousiasme l'armée de Quito dont elles n'avaient été séparées que par les intrigues et les menaces. La province de Loja désirait aussi abandonner Franco ; Garcia Moreno se rendit à Loja, et sans effusion de sang, par une exonération d'impôts qui favorisait le commerce, il pacifia tous les esprits, et revint à Guaranda pour y préparer le dernier coup contre Franco et Castilla.

Aussi bien la confiance publique honorait Garcia Moreno de tout le mépris dont on accablait Franco ; ce misérable chef venait de signer avec Castilla un traité (25 janvier 1860) par lequel le Pérou s'engageait à soutenir le gouvernement de Franco à Guayaquil, et recevait comme prix de son intervention le territoire en litige.

Un cri d'indignation s'éleva de tous les cœurs honnêtes ; et, pendant que de riches propriétaires offraient leurs biens, les jeunes gens réclamaient des armes et s'enrôlaient volontairement pour la cause de la patrie.

Garcia Moreno, avec le noble scrupule de son grand cœur, craignait encore de n'avoir pas assez sacrifié à la paix ; il écrivit une seconde fois à Franco une lettre sublime dans laquelle il lui proposait « un moyen honorable de terminer les divisions, et d'empêcher une nouvelle effusion de sang au profit du perfide Castilla...

« Comme moyen d'en finir, écrivait-il, je propose pour vous et pour moi l'exil volontaire... La province de Guayaquil adhèrera comme celles de l'intérieur au gouvernement provisoire, et une convention librement élue mettra un terme à nos malheurs... En m'imposant pour le salut de la patrie cet exil volontaire, mon ambition sera pleinement satisfaite. »

« La patrie, disait Garcia Moreno, n'a besoin de personne ; le gouvernement provisoire est au-dessus des intérêts de parti ou d'ambition personnelle... Nous proposons aux membres des deux gouvernements un éloignement qui soit à tous le témoignage de notre désintéressement ; nous aurons la gloire d'avoir terminé les discordes civiles sans verser le sang de nos frères, et de conserver à la nation des forces si nécessaires à sa défense et à sa sécurité.... Nous proposons aux deux gouvernements de nommer conjointement le citoyen intègre, intelligent et impartial qui sera jugé digne du pouvoir suprême. »

Et comme s'il redoutait que les suffrages se réunissent autour de son nom, Garcia Moreno ajoute encore : « Nous demandons en outre l'exclusion des gouvernants actuels, soit pour la présidence, soit pour n'importe quelle charge publique. »

Franco, plus irrité que jamais par l'éclat des démonstrations enthousiastes qui acclamaient partout le 1er mai, anniversaire de la nomination du gouvernement provisoire de Quito, refusa l'intervention des agents diplomatiques et ne craignit pas même de solliciter l'exil de Garcia Moreno.

Castilla, au contraire, moins personnellement intéressé dans la question, se hâtait de renvoyer les troupes qui soutenaient Franco, et ne gardait dans le port que peu de navires pour protéger son ami ou l'embarquer en cas de déroute.

La Providence se chargeait donc de diminuer les forces ennemies, elle envoyait en même temps à Garcia Moreno un secours inattendu. Florès, ayant été sollicité de mettre au service du Pérou contre l'Équateur sa vaillante épée, s'indigna d'une si outrageuse proposition. Il était ambitieux et désirait régner sur son pays, mais la seule pensée de l'opprimer au profit d'une autre puissance le ramena franchement au devoir.

« — Dans les circonstances difficiles où vous vous trouvez, écrivait-il à Garcia Moreno, je suis heureux de me mettre à vos ordres, si je puis vous être utile.

« — Venez, et soyez notre général, » répondait Garcia Moreno, moins soucieux de sa propre gloire que du salut de la patrie.

Ainsi, le chrétien ne songeait même pas à se réserver l'honneur de terminer la lutte qu'il avait entreprise avec de si grands périls ; il remerciait Dieu de lui envoyer Florès, au moment précis où sa longue expérience de la guerre devait être d'un si grand secours.

On se décidait aussitôt à prévenir les mouvements de Franco. Les villes de Guayaquil au Sud et de Babahoyo au Nord sont situées en droite ligne sur le fleuve Guayas ; Guaranda occupe sur le même degré environ que Ventanas la gauche de Babahoyo, et Ventanas se trouve à droite de la seule route praticable entre Guaranda et la plaine.

L'armée de Guayaquil devait se diviser en deux corps. Le premier commandé par Franco résolut de se lancer sur Guaranda où se trouvait l'armée de Garcia Moreno ; pendant que le deuxième, sous les ordres du général Léon, se tiendrait à droite de la route à Ventanas, pour attendre de ce côté les soldats de Quito et soutenir Franco au besoin. Florès et Garcia Moreno voulaient surprendre partout l'ennemi, en évitant les grandes batailles pour ménager leurs forces. Empêcher à tout prix la jonction des deux corps ennemis, leur cacher la marche de l'armée et combattre les généraux l'un après l'autre, tel fut le plan hardi que l'intrépide courage de Garcia Moreno réussit à réaliser.

Tandis qu'une petite partie des troupes descendaient de Guaranda vers Babahoyo par le chemin connu, la véritable armée guidée par les campagnards dont Garcia Moreno était l'idole, arrivait aux portes de la ville par les sentiers de la montagne, au travers des bois, par dessus les torrents et les précipices ; les intrépides montagnards coupaient les lianes et jetaient des arbres sur les torrents pour ouvrir le passage ; les soldats, animés par les paroles ardentes de leur chef, stimulés par son courage, soutinrent vaillamment seize heures de cette marche pénible ; ils attaquèrent Franco à l'improviste, et lorsque ses troupes découragées commençaient à faiblir, Florès ordonna de charger les artilleurs. Après trois heures de combat, le feu de l'ennemi était éteint : plusieurs canons, des armes et munitions de toute espèce, de nombreux prisonniers, l'imprimerie et les salines étaient entre les mains de Garcia Moreno. Franco s'était enfui vers Guayaquil pour s'y retrancher et s'y défendre à outrance. Restait le général Léon ; par prudence il tenta de redescendre vers Guayaquil, mais Florès lui avait coupé la route et il dut s'engager à travers le pays pour rejoindre Franco.

Sans prendre de repos, l'armée de l'Équateur se dirigeait vers Guayaquil dont on ne put approcher qu'après un mois entier de fatigues inouïes et par des chemins à peine frayés.

La citadelle de Guayaquil est placée du côté de la plaine sur une hauteur réputée imprenable. A gauche le Guayas, à droite l'Estero Salado lui sont deux défenses naturelles très redoutables.

L'*Estero Salado,* sorte de bras de mer et comme l'estuaire du Guayas, est un terrain boueux couvert sur chaque rive d'une végétation luxuriante de mangliers énormes. Au milieu, les eaux se sont ménagé un libre passage d'environ 30 mètres : c'est le *Rio Salado.*

Traverser l'Estero Salado pour attaquer Guayaquil de ce côté, était une entreprise gigantesque et tellement invraisemblable que les ennemis ne devaient pas la craindre, pas même y songer. Elle fut résolue par Garcia Moreno, Florès et les soldats intrépides qu'ils commandaient ; non-seulement l'infanterie, mais l'artillerie traversera cette triple barrière ; elle ouvrira son feu contre Guayaquil, à la stupéfaction de Franco, et devra

Passage de l'*Estero Salado.*

vaincre ou mourir, puisqu'il lui faut en avant affronter le feu des batteries ou tomber en reculant dans l'affreux marécage.

Les canons, fortement attachés à des leviers et soutenus par douze hommes, sont hissés par dessus les mangliers et les lianes ; tantôt suspendus à plusieurs mètres au-dessus de la vase, tantôt plongés dans l'eau fangeuse, les soldats n'avancent de quelques pas que lentement et avec mille dangereux efforts. Les uns tirent les affûts, les autres portent les caissons et les munitions sur leurs épaules ; Garcia Moreno s'empare d'un caisson de cinquante kilos et s'élance en avant ; enfin, « après huit heures d'héroïsme silencieux, » on arrive dans la plaine et dès le lendemain l'assaut doit commencer.

Au cri de *Vive l'Équateur*, l'armée se précipite sur l'avant-garde ; l'attaque est prompte et irrésistible ; mais lorsque l'ennemi eut reçu les premières décharges d'artillerie, stupéfait de l'audace des assaillants qui avaient osé franchir avec des canons le terrible estuaire, il se retirait derrière la colline, et Garcia Moreno était maître de la caserne et du parc d'artillerie.

Les forts continuèrent la défense jusqu'au soir ; alors Florès ordonnait la charge à la baïonnette, pendant que les colonels Salvador et Vintimilla faisaient taire les batteries. A neuf heures du soir, Franco s'embarquait pour le Pérou, laissant vingt-six canons, son armement, les munitions, les soldats et les officiers prisonniers de

Garcia Moreno, dont les victoires successives furent acclamées du nord au midi.

Toujours habile à profiter des évènements pour animer le patriotisme du peuple, le héros décida que le drapeau de l'Équateur « ayant été porté par un chef indigne, » serait remplacé dès ce jour par le drapeau de la Colombie.

« Nos avantages, avait-il dit, nous les devons principalement au génie guerrier de Florès notre général en chef, nous les devons aux vertus militaires de nos officiers et soldats, nous les devons surtout à l'intervention du Dieu des armées. »

La prise de Guayaquil ayant eu lieu le 24 mai (1860), fête de Notre-Dame de la Merci, Garcia Moreno décréta : « L'armée de la République sera désormais placée sous la protection spéciale de Notre-Dame de la Merci, pour remercier la Mère du divin Libérateur et pour mériter son assistance dans l'avenir... Chaque année, au retour de ce grand anniversaire, le gouvernement et l'armée assisteront officiellement aux solennités de l'Église. » Lui-même, en signe de gratitude, devait suspendre sa vaillante épée à l'autel de Notre-Dame du Rosaire.

CHAPITRE VII

Garcia Moreno Président par intérim. — La question électorale et la Constitution. — Garcia Moreno élu Président à l'unanimité. — Premières réformes.

Grâce aux efforts généreux de Garcia Moreno, le pays était délivré des misérables qui, pour garder le pouvoir, n'avaient pas craint de s'appuyer sur l'étranger ; mais si l'instinct de conservation avait réuni sous un même drapeau tous les vrais enfants de l'Équateur, au lendemain du triomphe, les révolutionnaires, les libéraux, les francs-maçons allaient se disputer la proie.

Garcia Moreno, chef du gouvernement provisoire, avait pour mission de préparer l'élection présidentielle par l'élection préalable de l'Assemblée nationale.

« En République, la question électorale prime toutes les autres ; le grand libérateur aspirait à grandir son pays, en lui donnant par son influence une Assemblée digne et capable de le sauver.

« Or, pour remédier aux vices du système électoral, il obtint que le nombre des députés fût en proportion avec les habitants des districts et que vingt-cinq mille âmes dussent être représentées par un membre à l'Assemblée nationale. Considérant en outre que les idées subversives de l'ordre public envahissent surtout les villes, et que le peuple Équatorien conserve les habitudes de foi, d'ordre et de soumission, il déclarait la nécessité du suffrage universel direct ; il usait alors d'un droit incontestable du pouvoir, en *adoptant le moyen le plus apte, vu les circonstances, à procurer le bien du pays.*

Le résultat, aussi bon qu'on le pouvait attendre, excitait l'enthousiasme de la nation pour son illustre chef. Mais les ambitieux révolutionnaires évincés, conspirèrent contre l'influence qui leur échappait comme par miracle.

Lorsque Garcia Moreno eut à rendre compte des actes du gouvernement provisoire et à résigner son mandat, il se rendait compte que le *souverain*, assemblée de quarante têtes, courait grand risque de commettre quarante bévues.

Mais le récit émouvant et modeste des victoires récentes, entraîna avec enthousiasme tous les votes ; on déclara que le gouvernement provisoire et son illustre chef avaient bien mérité de la patrie ; Garcia Moreno fut acclamé président par *intérim* et la sainte Vierge, sous le titre de Notre-Dame-de-la-Merci, reconnue de nouveau patronne de l'armée.

A la première ligne de la Constitution qu'il proposait, Garcia Moreno, considérant que le « seul moyen de réaliser les réformes que ni les gouvernements ni les lois ne peuvent obtenir par eux-mêmes, est la protection de la *sainte religion catholique,* » maintenait l'article, toujours incontesté jusque-là, qui reconnaissait « la religion catholique, apostolique et romaine, religion de l'Etat, à l'exclusion de toute autre. »

En vain, pour effacer cet article, les libéraux affirmaient-ils que constater ce fait évident était presque une injure ; les inoffensifs et timides conservateurs allaient tomber dans le piège, quand la voix menaçante des foules catholiques, qui n'entendaient pas reconnaître à l'hérésie les mêmes privilèges qu'à la foi de leurs pères, ramena les députés à des idées plus saines, et l'article fut maintenu.

Le second point regardait l'unité même de l'Equateur. Quelques-uns rêvaient de former dans l'Amérique du Sud les Etats-Unis de la Colombie, à l'imitation des Etats-Unis du Nord. Les débats à ce sujet furent longs et passionnés ; l'unité fut maintenue. « En somme, beaucoup de bruit pour rien, et c'est souvent ce qu'on doit espérer de mieux d'une Assemblée de constituants. »

Enfin, à la veille de choisir le Président, la Convention avait à reconnaître les droits du pouvoir exécutif. Les députés ne songèrent qu'à restreindre ces droits ; c'est à peine si le chef de l'Etat eut les pouvoirs nécessaires pour maintenir l'ordre en temps de paix ; à la moindre tentative de révolte, à la plus lointaine menace de guerre, il était évident que le chef, soucieux de remplir son mandat, devrait abandonner la barre du gouvernail, ou prendre en dictateur le commandement du navire.

Aussi quand l'Assemblée, réunie pour nommer le Président, eût proclamé à l'unanimité de ses voix moins une le nom de Garcia Moreno, ce grand homme refusa nettement; et osa déclarer « que l'insuffisance des pouvoirs octroyés au gouvernement désarmait l'autorité, qui deviendrait à brève échéance complice ou victime de l'anarchie. »

Frappés de stupeur à cette réponse inattendue, les députés, qui reconnaissaient Garcia Moreno seul capable de relever la République, en appelèrent à son dévouement et même à son honneur, puis votèrent à sa demande cinq propositions urgentes qu'il allait donner pour base à toutes les réformes.

On décrétait : un concordat avec le Souverain Pontife; la réorganisation des finances, de l'armée et de l'instruction publique ; enfin l'établissement d'une route de Quito à Guayaquil.

Garcia Moreno, dès sa première présidence, devait entreprendre toutes ces grandes œuvres et leur donner plus tard leur entier couronnement.

Le nouvel élu prit dès les premiers jours sa tâche au sérieux, « le pouvoir était à ses yeux une charge imposante, dont Dieu et la nation demandent un compte exact; il était un instrument non de *jouissance,* mais de *bienfaisance.*

Son premier souci fut de choisir à tous les

degrés et dans toutes les administrations, des hommes intelligents, intègres, dévoués et laborieux. Tous étaient astreints à leurs postes de dix heures du matin à cinq heures du soir ; le président lui-même se rendait souvent à l'improviste au siège des administrations et punissait la moindre inexactitude. Les hommes de finances surtout devaient un compte exact des recettes et des dépenses ; la manière d'établir le bilan était si défectueuse, que Garcia Moreno dut vérifier par lui-même toutes les dettes depuis l'origine de l'É-quateur, avant d'introduire le système français de comptabilité, qui donne un tableau précis de l'équilibre du budget. Une cour des comptes, dont il contrôlait les opérations, surveillait les agents ; et le Président, après avoir constaté les recettes, écartait impitoyablement toute dépense superflue. Il n'avait pas encore trouvé « qu'un peuple est d'autant plus riche que sa *dette* est plus considérable ! » Il donnait le premier un exemple unique de désintéressement ; sans fortune personnelle, Garcia Moreno laissait à l'Etat la moitié et donnait aux pauvres la seconde moitié des douze mille piastres allouées au Président.

L'armée attirait en second lieu son attention ; il fit observer sévèrement la règle de toute bonne milice contre l'insubordination, l'immoralité, l'absence des officiers ou des soldats et se montra inexorable contre les émeutiers de casernes et les menées contre les chefs.

Le soin de former les générations futures par

une saine et forte instruction est le salut des peuples. En Amérique « le système diabolique de laïciser les écoles, ce qui veut dire les isoler de la morale et de la religion, » se couvrait du nom de *neutralité scolaire*, Garcia Moreno appelait à l'Équateur toutes les congrégations d'hommes et de femmes renommées pour leurs succès dans l'instruction de la jeunesse ; et, pour secourir les indigents et les malades, toutes celles qui se dévouent aux œuvres de miséricorde dans les hôpitaux et les prisons, etc.

Nous verrons plus loin les fruits de cette importante réforme, ainsi que la réalisation du projet, alors regardé comme impossible : la création d'une grande route de Quito à Guayaquil, avec d'autres chemins pour relier entre elles les villes importantes, et faciliter les rapports et le commerce du plateau de la Cordillère avec les ports de l'Océan.

Mais ce qui devait aux yeux du héros consolider toutes les réformes, assurer l'avenir de la République, c'était de faire observer partout la loi divine, de reconnaître hautement les droits de Dieu sur les peuples et la liberté de son Église.

« Garcia Moreno savait son catéchisme ; la première parole de ce sublime petit livre lui avait révélé le dernier mot de la vie :

« — Pourquoi Dieu vous a-t-il créé et mis au monde ?

« — Pour le connaître, l'aimer et le servir, et par ce moyen obtenir la vie éternelle.

« Il avait trouvé là tout un mode de gouvernement. Car *les nations aussi bien que les individus, ont été créés pour la même fin.*

« Là-dessus, *sur cette vérité,* Garcia Moreno avait fait son plan. Le peuple Équatorien connaîtrait Dieu, il l'aimerait, il le servirait, et par ce service fécond, il arriverait à ses immortelles destinées (1).

(1) *Vie de Garcia Moreno,* M.-T. Josefa.

CHAPITRE VIII.

Le Concordat avec le Saint-Siège (1862).

« L'Eglise est une véritable et parfaite société, pleinement libre ; elle jouit de ses droits propres et constants que lui a conférés son divin fondateur, et il n'appartient pas au pouvoir civil de définir quels sont les droits de l'Eglise et les limites dans lesquelles elle peut les exercer.

« La puissance ecclésiastique a le droit d'exercer son autorité sans la permission et l'assentiment du gouvernement civil. »

Tels sont les termes précis de deux articles du *Syllabus* (1) sur *l'Eglise et ses lois*.

Garcia Moreno, le législateur et le *vengeur du Droit chrétien*, avait surtout à cœur la conclusion du Concordat avec le Saint-Siège. Il avait compris dès longtemps que la proposition « l'Eglise libre dans l'Etat libre, » offre une contradiction absurde dans les termes mêmes, puisque le *tout* ne peut être contenu dans la *partie*. Aussi

---

(1) Le *Syllabus* est un *résumé* des principales erreurs modernes condamnées par l'Eglise ; il fut publié par Pie IX en 1864 et oblige tous les fidèles. Dans ce document, Pie IX n'enseignait rien de nouveau ; il rappelait, en les précisant, des condamnations déjà portées par ses prédécesseurs ou par lui-même.

adhérait-il d'esprit et de cœur à la doctrine constante de l'Eglise ; et la proclamait-il dans son Concordat, en des termes presque identiques à ceux que, deux ans plus tard, la décision du Pape formulait ainsi :

« Ni l'Eglise ne doit être séparée de l'Etat, ni l'Etat séparé de l'Eglise. »

Pour saisir l'importance de la négociation avec Rome, il faut remonter plus haut :

Les rois d'Espagne avaient obtenu du Saint-Siège, pour leurs possessions d'Amérique, à raison de la difficulté des correspondances et pour d'autres graves raisons, de nombreux « privilèges relativement à la nomination des dignitaires ecclésiastiques, ainsi qu'à l'administration de leurs biens et revenus, privilèges connus sous le nom de *patronat royal*. Evidemment ces concessions gracieuses octroyées aux rois catholiques disparaissaient avec la royauté, et l'Amérique républicaine retombait dans le droit commun. » Mais les francs-maçons, qui voulaient s'affranchir de l'autorité de l'Eglise en même temps que de la couronne d'Espagne, trouvaient bon néanmoins d'hériter de tous les avantages de l'une et de l'autre souveraineté ; c'était une prétention schismatique dont les fruits amers gâtèrent peu à peu une partie du clergé et empoisonnèrent la discipline et les mœurs. « Avec des gouvernements qui laissaient les évêchés vacants pendant un demi-siècle, ou nommaient leurs créatures à toutes les fonctions ou bénéfices, faut-il s'étonner de voir reparaître les scandales? »

Garcia Moreno, fils dévoué et soldat de l'Église, ne pouvait tolérer l'esclavage de cette divine Mère; pour venger son honneur, il présentait à l'Assemblée un mémoire éloquent et demandait à conclure le Concordat.

« Afin que l'influence religieuse s'exerce avec tous ses avantages dans la vie sociale, disait-il, il faut que l'Église marche à côté du pouvoir civil dans de véritables conditions d'indépendance. Au lieu de l'absorber ou de la contrarier, l'Etat doit se borner à la protéger d'une manière efficace et conforme à la justice. »

Don Ignacio Ordoñez, archidiacre de Cuença(1), le même qui avait été en Europe (1861) recruter les religieux et religieuses que Garcia Moreno avait appelés aux écoles et aux hospices, fut choisi comme ambassadeur pour traiter avec Pie IX les questions litigieuses.

Outre les instructions écrites et le projet de Concordat soigneusement élaboré, le président remettait à Don Ordoñez le soin d'obtenir du Pape un nonce apostolique, investi de tous les pouvoirs nécessaires pour entreprendre la réforme du clergé séculier ou régulier.

---

(1) Nommé plus tard sénateur et évêque de Riobamba, Don Ordoñez, exilé par la révolution qui assassina Garcia Moreno, fut transféré au siège de Quito par S. S. Léon XIII, lorsque la République redevint chrétienne.

Le 26 octobre 1862, le ministre de l'Equateur signait avec le cardinal Antonelli le projet de Concordat.

Par le premier article :

« La religion catholique, apostolique et romaine est reconnue la religion de l'Etat, à l'exclusion de tout autre culte ou de toute société condamnée par l'Eglise. Elle y sera conservée perpétuellement dans son intégrité, avec tous ses droits et prérogatives, conformément à l'ordre établi par Dieu et aux prescriptions canoniques. »

On voit que du premier coup, le héros chrétien renversait l'édifice du libéralisme moderne ; et, par sa grande et noble initiative, faisait insérer à l'avance dans la législation de son pays le texte même du *Syllabus*, qui allait s'exprimer ainsi dans le chapitre ayant pour titre : *Erreurs qui se rapportent au libéralisme moderne* :

« Même à notre époque, il est utile que la religion catholique soit regardée comme l'unique religion de l'Etat, à l'exclusion de tous les autres cultes.

« Ce n'est donc pas avec raison que, dans certains pays catholiques, la loi a pourvu à ce que les étrangers qui viennent s'y établir y puissent jouir chacun de l'exercice *public* de leurs cultes particuliers.

« Car il n'est que trop vrai que la liberté civile de tous les cultes et le plein pouvoir donné à tous de manifester publiquement toutes leurs pensées et toutes leurs opinions, jettent plus facilement les peuples dans la corruption des mœurs et de l'esprit et propagent la peste de l'*indifférentisme.* »

Pie IX devait dire encore :

« La puissance civile ne possède aucun droit négatif sur les choses sacrées ; elle n'a pas conséquent ni le droit qu'on appelle d'*exequatur* (1), ni le droit qu'on nomme *appel comme d'abus* (2). »

Le Concordat chrétien reconnaît que : « le Souverain Pontife ayant juridiction dans toute l'Église, évêques et fidèles pourront communiquer avec lui librement, et sans que les lettres ou rescrits pontificaux soient soumis à l'*exequatur* du pouvoir civil ; les évêques jouiront d'une pleine liberté dans l'administration de leurs diocèses, la convocation des synodes... Le droit de posséder et d'administrer les biens... Les causes des clercs seront dévolues à l'autorité ecclésiastique, sans qu'on puisse en appeler *comme d'abus* aux tribunaux séculiers... La loi du patronat demeurera supprimée. Enfin si l'Église accorde avec bienveillance au Président de la république le droit de présentation aux évêchés, le Président est tenu de choisir dans un délai de trois mois, entre trois candidats que lui désigneront les évêques de l'Équateur. »

Dans les articles concernant l'instruction, le Concordat stipule que : « L'instruction à tous les

---

(1) *Exequatur :* Autorisation accordée d'exercer ses fonctions.
(2) Recours aux tribunaux civils contre les abus de l'autorité ecclésiastique.

degrés se modèlera sur les principes de l'Église catholique... Les évêques auront seuls le droit de désigner les livres dont on devra faire usage, et de proscrire les auteurs dangereux... et le gouvernement prendra toutes les mesures nécessaires pour empêcher l'introduction des livres contraires à la religion et à la morale. »

Ainsi encore la « République chrétienne de l'Équateur embrassait franchement, et proclamait au milieu de la tempête et de la nuit, le programme en dehors duquel il n'y a de salut pour personne. »

Garcia Moreno appuyant ses réformes sur la pierre inébranlable de l'Église, leur donnait pour base le rocher qui demeure ferme au milieu de tous les flots. En effet, en parlant de l'enseignement chrétien, le *Syllabus* dira :

« La bonne constitution de la société civile ne demande nullement que les écoles populaires qui sont ouvertes à tous les enfants de chaque classe du peuple, et en général que les institutions publiques destinées à l'enseignement supérieur et à une éducation plus élevée de la jeunesse, soient affranchies de toute autorité de l'Église, de toute influence modératrice et de toute ingérence de sa part, et qu'elles soient pleinement soumises à la volonté de l'autorité civile et politique, suivant le bon plaisir des gouvernants et le courant des opinions générales de l'époque.

« Des catholiques ne peuvent approuver un système d'éducation placé en dehors de la foi catholique et de l'autorité de l'Église, et n'ayant pour but, ou du moins pour but principal, que la connaissance des choses purement naturelles et de la vie sociale ici-bas. »

C'est au milieu de la joie universelle que le délégat apostolique, Mgr Tavani, arrivait à l'Équateur. Le Président profita de cette réception officielle pour protester énergiquement, contre l'envahissement des états pontificaux et les annexions sacrilèges, que pas un gouvernement en Europe n'osait stigmatiser ni empêcher.

« Dites au Saint-Père, s'écria Garcia Moreno en terminant son discours, que si la force nous manque pour élever un rempart de fer contre l'impiété et l'ingratitude des uns, la lâcheté et l'indifférence des autres, il nous appartient au moins d'élever la voix pour condamner le crime, et d'étendre la main pour signaler le criminel.

« Dites au Saint-Père, qu'unis à lui plus étroitement que jamais en ces temps de calamités, au sommet des Andes comme sur les rives de l'Océan, nous prions pour notre Père; nous demandons que Dieu mette un terme aux maux qu'il endure, avec l'intime et consolante conviction que ces jours d'épreuves passeront bientôt; car si la force dispose du présent, Dieu, lui, se réserve l'avenir. »

On pouvait espérer qu'au retour prochain du plénipotentiaire Don Ordoñez, le Concordat serait publié dans la République; mais Garcia Moreno, l'homme de fer et de principes inébranlables, était résolu à ne pas tenter la grande œuvre sociale sans l'appuyer sur la réhabilitation du clergé; attendu qu'il ne voulait pas que l'instrument principal du bien pût se retourner contre lui, et détruire par ses scandales les réformes qu'il méditait.

Pie IX, le grand et saint Pape, était en même temps le plus doux des pères; les mesures de rigueur contre les coupables lui répugnaient, il eût désiré que Moreno entreprît la réforme par la douceur et la persuasion; mais le Président savait mieux que personne l'impuissance des demi-mesures.

« Sans la réforme immédiate, répondait-il, le Concordat est inexécutable. Si le Saint-Père ne peut imposer la réforme, je ne puis imposer le Concordat. »

Don Ordonez dut reprendre le chemin de Rome; il sollicita de nouveau et obtint pour le délégat les pleins pouvoirs nécessaires à la réforme; et le 23 avril 1863, le Concordat fut solennellement promulgué dans tout l'Équateur.

Les villes principales, Quito en particulier, célébrèrent par des pompes inusitées ce grand et heureux événement.

Dans l'Église métropolitaine de Quito, magnifiquement décorée, après une messe solennelle, lecture ayant été donnée au peuple chrétien des principaux articles du Concordat, le Président entouré des autorités civiles et militaires s'avança pieusement vers l'autel, signa le traité revêtu

Lecture est donnée des articles du Concordat.

également de la signature du délégat. Pendant le chant enthousiaste du *Te Deum*, le canon mêla sa voix aux tambours et aux acclamations de la foule, et le drapeau pontifical flottait à côté de celui de l'Équateur.

Cet acte de suprême sagesse politique autant que de foi chrétienne, est probablement le fait de plus haute portée de tout le XIXᵉ siècle.

Le gouvernement d'une *République* n'est donc pas, comme on le prétend, nécessairement synonyme de *révolution ;* aucune forme de pouvoir n'est en elle-même incompatible avec la religion ; mais les républicains pas plus que les monarchistes, ne doivent appuyer un gouvernement anti-chrétien, persécuteur, impie ou indifférent, et subir les lois subversives de l'ordre social politique et religieux.

Les évêques encouragés et soutenus par Garcia Moreno se mirent aussitôt à l'œuvre ; conciles et synodes réunis en toute liberté, édictèrent de nouveau les lois canoniques. Le Président savait au besoin soutenir les évêques ; l'un d'eux effrayé des abus, allait peut-être fermer les yeux : « Et qu'importe lui dit Garcia Moreno, il faut sacrifier sa vie, si Dieu le veut, pour l'honneur de son Église. »

Les désirs du Président relativement à la création de nouveaux sièges, furent dépassés par les nominations de Pie IX. Le premier Pape qui ait visité le Nouveau-Monde, le grand Pontife se rendait compte des distances énormes qui séparent les diocèses : « Partout où notre zélé Président veut régénérer son pays, avait-il dit à Ordoñez, il faut planter une Croix ; partout où l'on plante une Croix, une peuplade se réunit, fût-ce au sommet du Chimborazo. »

Trois nouveaux évêchés, Ibarra, Riobamba et Loja, furent d'abord créés en 1862 ; celui de Porto-Viejo, dans la province de Manabi portait à sept en 1870, le nombre des évêques de l'Équateur. Quant aux religieux dégénérés, ils durent choisir entre l'observation de leur règle et la sécularisation. Ceux qui restaient fidèles purent se retremper dans l'esprit de leur vocation et se réunir aux fervents disciples de saint Ignace, de saint Philippe de Néri, de saint Dominique, de saint François, du bienheureux de la Salle, etc.

La gigantesque entreprise de Garcia Moreno ne pouvait s'accomplir sans que l'esprit du mal ne réunît contre elle toutes les batteries infernales des révolutionnaires, des libéraux et des radicaux. Pour contrecarrer jusqu'aux projets les plus populaires du Président, le Conseil municipal de Guayaquil refusait les subsides nécessaires à l'achèvement de la grande route entreprise ; d'odieux pamphlets inondaient l'Équateur. Castilla poussé par Urbina, Roblez et Franco réclamait l'exécution de l'infâme traité qui démembrait le pays, menaçant en cas de refus de l'envahir par terre et par mer. Garcia

7

Moreno se contenta d'envoyer les troupes à Guayaquil pour y attendre Castilla. Le Pérou se trouva très heureux que l'intervention de l'Angleterre lui permît de reculer sans déshonneur. Mais la paix ne devait pas être de longue durée : Urbina équipait au Callao (port de Lima) une petite flotte, décidé à tenter une invasion de l'Équateur ; il abordait au petit port de Payta, sous le pavillon du Chili, espérant n'être pas reconnu. Mais Garcia Moreno avait l'œil à tout ; il donnait l'ordre d'appréhender Urbina s'il osait souiller le sol de l'Équateur, et adressait en même temps un appel indigné au corps diplomatique ; Castilla contraint d'arrêter la criminelle tentative, fut bientôt remplacé à la Présidence par le général San-Roman. Dès lors les relations les plus amicales s'établirent entre l'Équateur et le Pérou qui désavouait le traité conclu avec Franco.

Les ennemis de l'État songèrent alors à profiter du tyran de la Nouvelle-Grenade, le Président Mosquera ; persécuteur de l'Église et des catholiques dans cette république, il avait encore l'ambition de réunir le Vénézuela et l'Équateur à la Nouvelle-Grenade, pour agrandir son pouvoir et combattre dans ces trois républiques le règne de Dieu et de la foi. Urbina comprenant sa pensée, voulait s'unir à lui contre Garcia Moreno ; mais les deux révolutionnaires ne songeant qu'à se maintenir aux dépens l'un de l'autre, Mosquera osait envoyer un ambassadeur « à son cher et très bon ami le Président » pour resserrer les liens d'union des deux peuples. Il comptait sur l'opposition que le nouveau Congrès allait faire à Garcia Moreno pour jeter partout les semences de discorde.

« La révolution a tellement brouillé les idées, même dans les meilleures têtes, que le fait de rendre à l'Église son inaliénable liberté et ses droits imprescriptibles, est considéré généralement comme une sorte d'usurpation sur les droits du pouvoir civil ! »

Les déclamations insensées mais violentes, trompèrent les électeurs toujours crédules, et le peuple envoyait au Congrès la plupart des ennemis de Garcia Moreno. Comme à l'ordinaire, le héros loin de trembler ou de reculer devant les contradicteurs, se déclara nettement résolu à quitter le poste plutôt que de retrancher une ligne au concordat, dont il regardait l'exécution comme la source de tous les progrès : « à quoi bon la prospérité matérielle, disait le *message* du Président, si la moralité publique, vie de la société, tombe dans la décadence? L'absence de moralité c'est partout la ruine; mais spécialement dans un État républicain, où la fragilité des institutions, l'instabilité du gouvernement et la fréquence des révolutions mettent à chaque instant la société sans défense, à la merci des passions sans frein. » Ces nobles paroles trouvèrent peu d'écho dans les Chambres ; mais Dieu inspira Garcia Moreno. « Présentez-moi donc, dit-il aux chefs de l'opposition, votre projet de réforme. » Le Congrès supprima aussitôt la plupart des immunités de l'Église; néanmoins il comprit que la nouvelle loi ne pouvait être élaborée sans avoir été sanctionnée par le Saint-Siège, l'une des parties contractantes du Concordat, véritable traité synallagmatique (1). Garcia Moreno garda la pièce; et six mois après, les représentants débarrassés de Mosquera, et retrouvant leurs idées saines, retiraient spontanément les malencontreuses réclamations.

Ainsi Garcia Moreno « véritablement *chef de l'État et du peuple*, prétendait non lui obéir mais le diriger; il ne consentit jamais à jouer le rôle d'une machine à signer, ou celui d'un roi soliveau. »

Pendant ces débats, le Président de la Nouvelle-Grenade, Mosquera se ruait sur l'Équateur, il appelait à la rescousse tous les mécontents, les révoltés et les timides, et bannissait en attendant les évêques, les religieux, les prêtres fidèles au nom des lois iniques et oppressives qu'il avait édictées.

Le saint et doux Pape Pie IX consolait les évêques persécutés par ses encycliques, dans lesquelles il énumérait avec douleur les maux sans nombre de l'Église dans la Nouvelle-Grenade. « Mosquera marche à grand pas vers l'Enfer, »

---

(1) Terme de jurisprudence: *Contrat ou traité synallagmatique*, qui contient une obligation réciproque, un engagement mutuel.

disait le Pontife. Le misérable ne s'arrêta pas néanmoins, et Pie IX l'excommunia enfin, et écrivit aux évêques :

« Nous élevons la voix pour vous intimer l'ordre de refuser le serment qu'on vous demande. De notre autorité apostolique nous condamnons, réprouvons et déclarons nulles et de nul effet toutes les lois attentatoires aux droits de l'Église de Dieu, rappelant à leurs auteurs qu'ils ont encouru les peines et les censures promulguées par les conciles contre les usurpateurs de ces mêmes droits. Qu'ils tremblent en se rappelant cette parole du Seigneur : « Terrible sera le jugement de ceux qui abusent de leur puissance ! »

L'excommunié plus furieux que jamais, après quelques tentatives hypocrites pour se rallier à l'Équateur, mais en réalité pour gagner du temps, finit par franchir la limite des deux états. Le général Florès, fils du grand général qui venait de mourir (1), avançait alors au-delà du Carchi, frontière de l'Équateur « non pour vous déclarer la guerre écrivait-il à Mosquera, mais pour vous forcer à nous laisser la paix. » Cependant Florès trompé par ses éclaireurs vendus à l'ennemi, abandonné sur le champ de bataille de Cuaspud par un corps d'armée et par plusieurs officiers complices d'Urbina, désarmé aussi par le faux libéralisme du Congrès qui avait supprimé le

(1) Et devenu Président de l'Équateur en 1888.

jugement verbal en campagne, et favorisé ainsi la révolte et la désertion. Florès malgré ses talents et le courage des troupes fidèles, dut abandonner le terrain. Mosquera profita du désastre pour envoyer ses émissaires dans les provinces qu'il voulait rallier à sa cause ; mais le peuple les reçut partout avec indignation, ils furent honteusement chassés et poursuivis, puis enfin livrés aux juges, et Mosquera contraint par l'attitude énergique de la population soulevée contre lui, dut conclure sans conditions avec l'Équateur le traité de Pinsaqui. Il ne cessait pas pour cela de conspirer avec Urbina ; ils formaient ensemble l'odieux projet de ne pas se reposer qu'ils n'aient soumis le pays de Garcia Moreno à la révolution. Mais Dieu permit que les preuves écrites de cette fourberie tombassent entre les mains du Président de l'Équateur. Mosquera qui l'ignorait, osa solliciter l'autorisation de s'arrêter à Guayaquil. « Si vous mettez le pied sur un point quelconque de la République, lui répondit Garcia Moreno, et qu'on puisse vous y saisir, je ne réponds de rien. » Le tyran prit une autre route et continua ses exactions, jusqu'au moment où son exil délivra la Nouvelle-Grenade.

CHAPITRE IX

Présidence de Carrion. — Tentative d'invasion. — Combat de Jambeli.

Malgré la pacification extérieure par le traité de Pinsaqui, la tâche que Garcia Moreno avait entreprise lui semblait irréalisable, à cause des éléments de discorde intérieure, et de l'opposition systématique du congrès contre le pouvoir, qu'il avait comme enchaîné en lui retirant d'une part le droit de sévir et de l'autre celui de pardonner.

Garcia Moreno n'était pas homme à « se croiser les bras devant l'anarchie. »

« Placé dans l'alternative de ruiner le pays ou de violer la loi, » il résolut de résigner son mandat ; mais les manifestations significatives du peuple Équatorien ; le dévouement des bons citoyens à sa politique, l'élection du ministre Carvajal son ami à la vice-présidence par une imposante majorité, l'obligèrent à continuer l'œuvre de réforme. Malgré l'injuste sentence des tribunaux gagnés à l'opposition qui déclaraient innocents les déserteurs de Cuaspud, et les membres libéraux du congrès qui auraient bien voulu se débarrasser de l'incommode justicier, tous reconnaissaient en Garcia Moreno le seul homme capable de gouverner et peut-être de sauver la République ; sa démission fut rejétée et plusieurs lois abrogées à sa demande.

Ce dénoûment pacifique excita la colère de la révolution ; le Président avait juré « que lui vivant elle ne règnerait pas sur l'Equateur, » et qu'il affranchirait son peuple de sa tyrannie. Ses ennemis, au contraire, ne rougissaient pas d'armer une troupe de bandits pour se défaire du libérateur. Maldonado lui-même trahit avec plusieurs officiers ; Garcia Moreno, après l'avoir convaincu, lui pardonna ; mais il ajoutait : « Si jamais je vous reprends à conspirer, je vous fais fusiller sur la place de Quito. » Maldonado cependant, assuré de la vénalité des tribunaux depuis le jugement des déserteurs de Cuaspud, avait une seconde fois dirigé le complot contre le président, et quitté la ville pour détourner les soupçons. Garcia Moreno, instruit de tous les détails peu d'heures avant l'exécution du coupable projet, se rendit à la caserne, exigea les noms des chefs et les fit arrêter pendant leur dernière réunion ; il se contenta de les envoyer en exil, disant : « Il n'est pas juste que ces misérables périssent, pendant que le chef Maldonado, qui les a entraînés, est en vie. »

En traversant les plaines du Napo, les ingrats se jetèrent sur leurs gardes, les massacrèrent et s'enfuirent ; Urbina tentait de soulever au sud la province de Manabi, et ses alliés de la Nouvelle-

Grenade le territoire d'Ibarra, au nord. A l'heure même où les troupes d'Urbina débarquaient à Payta, Vintimilla ramenait Maldonado prisonnier.

Le Président savait, avec les vrais philosophes de tous les temps et de tous les pays, que dans un danger extrême le « salut du peuple devient la loi suprême ; » il n'acceptait pas qu'une nation doive se résigner à périr, « ni qu'un chef de gouvernement puisse sans crime obéir à la Révolution, qui lui crie de se démettre ou de se soumettre... Chargé de pourvoir au salut du peuple et de la République, il décida que le traître Maldonado serait fusillé. ».

Fort de son droit, il annonça lui-même au coupable la terrible sentence : « Préparez-vous, lui dit-il, à paraître devant Dieu, car demain vous aurez cessé de vivre. » Maldonado demanda un prêtre, et le lendemain la proclamation du Président donnait au peuple le mot de sa juste sévérité : « Le gouvernement, disait-elle, doit opter entre deux partis extrêmes : laisser l'ordre public, vos intérêts les plus chers, nos lois, notre patrie sombrer dans l'anarchie sous les coups des brigands ; ou prendre sur lui la grave mais glorieuse responsabilité, de comprimer leur fureur par des moyens sévères, mais justes et nécessaires.

« Je serais indigne de la confiance dont vous m'avez honoré, si j'hésitais un instant à encourir n'importe quelle responsabilité pour sauver la patrie... S'il faut sacrifier ma vie pour obtenir ce résultat, je l'immolerai de bon cœur à votre repos et à votre félicité. »

Après une nouvelle tentative d'invasion par Urbina, la conspiration de Campoverde pour soulever la ville de Cuenca, et les sourdes menées de la Nouvelle-Grenade, qui n'avait pas renoncé à soumettre le Venezuela et l'Equateur, les ennemis de Garcia Moreno, partout tenus en haleine, étaient contraints d'attendre l'expiration de son mandat pour le remplacer par une créature de leur choix.

L'intrépide chef de l'Equateur, avant de quitter le fauteuil, avait une mission à remplir : assurer selon son pouvoir l'élection d'un homme capable et digne de continuer son œuvre.

« Je ne crois pas, disait-il, devoir me croiser les bras, tandis que les ennemis de l'ordre essayent à coups de mensonges et d'intrigues de battre en brèche tout candidat honnête.

« La licence effrénée de la presse en temps d'élection, loin de garantir la liberté du peuple, devient le plus terrible engin de tromperie et d'oppression qui puisse exister... Promesses, menaces, mensonges, calomnies, intimidations, destitutions arbitraires, invalidations plus arbitraires encore ; voilà maintenant les procédés électoraux dans l'Ancien et le Nouveau-Monde. »

Garcia Moreno désigna au choix des électeurs Jeronimo Carrion, natif de Cuenca, d'une « honorabilité sans tache, d'un sens droit, ami de l'ordre, du travail et de la religion. » Contre ce candidat, le seul qui réunit quelques voix était Manuel Gomez de la Torre, « incapable de faire aucun mal, même à ses ennemis, plus incapable encore, à cause de son manque d'énergie, de faire aucun bien à son pays. »

Vingt-trois mille suffrages sur trente mille, portèrent le candidat présenté par Garcia Moreno, Carrion, à la Présidence, et la Révolution pouvait prévoir que les quatre années révolues, le grand libérateur serait appelé de nouveau pour achever l'affranchissement de l'Equateur ; elle résolut de s'emparer du pouvoir.

Garcia Moreno n'avait plus les mêmes moyens d'action, l'armée réduite par les dernières luttes était privée de son chef, le grand général Florès ; Urbina, pressé de rembourser les capitaux qu'il avait empruntés pour soutenir la guerre, était contraint d'en finir et de se rendre maître à Guayaquil ou d'abandonner ses projets. La trahison et l'argent, seront comme à l'ordinaire les armes principales de ses suppôts.

Un navire marchand, le *Washington*, mouillait dans les eaux du Guayas, vers Zamboroddon ; le capitaine reçut mille piastres (environ 6,000 fr.) pour livrer son bâtiment au Pérou en paraissant le défendre. Pendant la nuit, une escouade d'Urbinistes vint *attaquer* le vaisseau munis d'armes et de tous les engins d'abordage ; ils *réussirent* sans peine à s'en emparer, et descendirent le fleuve en vue de Guayaquil.

Le *Guayas*, seul bâtiment de guerre de l'Equateur, se disposait à secourir le *Washington*, lorsque les Urbinistes déjà embarqués sur le vaisseau marchand se précipitèrent sur le *Guayas*; le commandant et les marins, qui ne soupçonnaient pas la trahison, furent massacrés ou enchaînés, et le *Guayas* solidement amarré au *Washington*, gagnait la pleine mer. Un troisième navire, le *Bernardino*, complétait la flotille des forbans, qui se disposaient, sous les ordres de Franco et d'Urbina, à bloquer Guayaquil, pendant que leurs affidés révolutionneraient l'intérieur des provinces en proclamant la liberté.

Garcia Moreno, retiré dans l'hacienda de Chillo, se reposait des durs labeurs de la Présidence, lorsqu'on vint en hâte faire appel à son dévouement. Toujours prompt et résolu, le grand homme, gravement malade, se lève, arrive à Quito de nuit. Après avoir confié au Vice-Président Carvajal deux proclamations qui devaient paraître le lendemain, il remonte à cheval et parvient à Guayaquil, ayant fait en trois jours quatre-vingts lieues, lorsque ses ennemis regardant comme impossible qu'il eût même été averti, se croyaient assurés du triomphe. Garcia Moreno se rend au conseil municipal, déjà gagné par Urbina. « Après tout, disaient les *braves* conseillers, puisque Garcia Moreno est vaincu, que son mandat va expirer dans peu de semaines et qu'il va remettre le pouvoir, autant se rallier à Urbina... »

Pendant que ces propos s'échangeaient tout bas,

la porte s'ouvre, l'employé annonce d'une voix vibrante : *Garcia Moreno!* et les conseillers timides de regagner au plus tôt leur demeure, pendant que les hommes fidèles à leur devoir s'empressent autour du libérateur.

Les décrets confiés au Vice-Président paraissaient le lendemain au journal officiel, et Garcia Moreno les publiait en même temps à Guayaquil. L'un d'eux, après avoir dénoncé les pirates et leur odieux attentat, autorisait tout vaisseau de guerre étranger à les poursuivre et à s'en emparer, même dans les eaux de l'Equateur. Pris en flagrant délit, ils devaient être jugés comme traîtres par un conseil verbal, avec tous ceux qui favoriseraient leurs menées. Par un second décret, Garcia Moreno, considérant la paix de la République comme sérieusement atteinte, déclarait l'armée en campagne et prenait en main le commandement des troupes.

« L'anxiété et la curiosité accueillirent cette proclamation. L'anxiété, car la plupart des habitants de Guayaquil avaient plus ou moins favorisé le complot et qu'ils connaissaient la fermeté de leur chef. La curiosité, car il est moins difficile de condamner les voleurs que de les poursuivre, quand ils louvoyent sur l'Océan et que la gendarmerie, sans le plus petit radeau, les regarde du rivage (1). »

Quel pouvait être le projet de Garcia Moreno ?

---

(1) *Garcia Moreno*, M.-T. Josefa.

Il se gardait bien de le divulguer ; mais on le voyait près du port, sondant l'horizon d'un regard animé. Chaque jour des vaisseaux étrangers paraissaient au loin ; dans une circonstance aussi grave, le droit international permettait d'emprunter leur secours. Un vaisseau anglais, le *Talca*, s'approchait enfin ; Garcia Moreno sollicita du consul britannique l'autorisation de poursuivre l'ennemi. John Bull consentit, non à prêter le *Talca*, mais à le vendre, moyennant un million deux cent cinquante mille francs. Sans perdre le temps à marchander, Garcia Moreno fait armer le bâtiment, mais le capitaine réclame contre le marché, dénie au consul le droit de vendre le navire, et sans se préoccuper du danger de l'Equateur, il déclare enfin « qu'on lui passerait sur le corps avant de toucher au bâtiment. — Et moi, s'écria Garcia Moreno, je vous déclare qu'ayant payé le vaisseau, dont je pouvais exiger le secours, j'en suis devenu le maître ; cessez donc une opposition déloyale ou je vous fais fusiller sur-le-champ. »

Puis il se mit à inspecter avec soin l'armement, les engins d'abordage et la machine, qui se trouvait incomplète et avariée ; les deux mécaniciens durent la réparer sous les ordres d'un envoyé de Garcia Moreno. C'est au poids de l'or qu'il parvint à trouver les hommes nécessaires pour une entreprise que l'on pouvait regarder comme irréalisable. S'adressant alors vivement aux soldats : « Je n'embarque que des gens de cœur, dit-il, que les poltrons se mettent à gauche et que les braves passent à droite. » Tous se ran-

gèrent à la droite du héros, qui choisit encore les deux cent cinquante plus dévoués et les embarqua sous ses ordres, avec un prêtre pour les secourir

« Garcia Moreno se précipite à l'abordage. »

dans le danger; il était six heures du soir, le 25 juin 1865.

Le lendemain, à huit heures du matin, un petit brick, le *Smyrck,* qui servait d'éclaireur au *Talca,* reconnaissait les vaisseaux ennemis dans les eaux du canal de Jambeli. Urbina et Roblez, après avoir battu l'armée de terre, avaient rejoint les navires avec nombre de prisonniers. Le *Guayas* surpris, ouvre le feu. « Pas de décharges inutiles, s'écrie Garcia Moreno, le poignard ou la baïonnette en avant ! » Cependant le *Talca* manœuvre avec tant de vitesse et contourne si bien les navires, qu'il côtoie le *Guayas* sans être lui-même endommagé. Tout à coup les canons partent ensemble, le flanc du *Guayas* s'ouvre ; alors le *Talca,* d'un coup d'éperon formidable, agrandit la voie d'eau, pendant que les soldats, Garcia Moreno à leur tête, se précipitent à l'abordage.

Les Urbinistes qui n'avaient pas succombé furent garottés sur le *Talca,* et Garcia Moreno se rendit maître des deux navires pendant que Roblez et Urbina célébraient encore leur victoire sur le *Washington,* plus rapproché de la côte.

Au bruit du canon, les *vaillants* révolutionnaires s'enfuirent dans les bois, abandonnant l'équipage, la caisse, dans laquelle se trouvait une quantité de *faux billets* de banque, et même la correspondance secrète des traîtres de Guayaquil, dont on allait enfin connaître les noms. Les prisonniers d'Urbina entassés sur le *Washington,* furent aussitôt élargis, et Garcia Moreno n'ayant pas assez de forces pour atteindre les fuyards, revint à Guayaquil. Selon la teneur des décrets, il installait le conseil de guerre sur le bâtiment même ; les hommes enrôlés par menaces ou par promesses furent acquittés, et les traîtres fusillés séance tenante. Tous se réconcilièrent avec Dieu avant la mort ; car, on s'en souvient, Garcia Moreno avait embarqué un prêtre pour l'expédition.

Cependant les fidèles habitants de Guayaquil ne quittaient pas le port, anxieux d'apprendre le succès d'une si téméraire entreprise ; les partisans d'Urbina, animés de sentiments contraires, attendaient la nouvelle du désastre probable ; et les timides se demandaient de quel côté ils allaient se ranger !... La population presque entière se trouvait donc réunie quand on aperçut le petit *Smyrk,* bientôt suivi du *Washington* et de la goëlette ; les cœurs agités diversement, interprétaient suivant leurs désirs l'apparition des navires.

Tout à coup un immense cri d'enthousiasme s'élève de la foule ; elle a distingué Garcia Moreno debout sur le pont du *Talca,* les cloches se mêlent aux salves de l'artillerie et aux joyeuses clameurs du peuple pour accueillir le grand homme, qui une fois de plus avait délivré l'Équateur.

Quelques traîtres encore devaient payer leur dette à la justice, Garcia Moreno ne se laissa fléchir ni par l'intervention étrangère, ni même par celle de sa mère qu'il aimait avec une tendresse extrême.

« Ma mère, demandez-moi tout ce que vous voudrez, avait-il répondu, excepté un acte de faiblesse qui perdrait le pays, et sauverait quelques scélérats pour leur livrer des milliers d'innocents. »

D'un bout à l'autre de l'Équateur éclatèrent les démonstrations les plus significatives ; partout Garcia Moreno était acclamé « l'homme nécessaire. »

Toutes les sociétés populaires, au nombre de dix, lui offrirent une médaille d'or comme au « Sauveur de la patrie. » Les citoyens prévoyants proposèrent au Congrès de le nommer général en chef de l'armée : « Si l'on objecte, disait la pétition, que Garcia Moreno n'a pas suivi la carrière des armes, nous répondrons que son génie est au-dessus des grades, et qu'il a donné des témoignages incontestables de ses connaissances militaires théoriques et pratiques, aussi bien que d'un courage à toute épreuve. »

Cependant quelques politiques à courte vue, jaloux du grand citoyen, déblatéraient contre « l'illégalité » des actes par lesquels il avait sauvé le pays ; d'autres se riaient de son triomphe, disant « qu'il n'y a pas d'homme nécessaire, » ils oubliaient qu'il est « des hommes providentiels ! » Indignés d'une telle ingratitude, les honnêtes gens couvrirent les murs de Quito de proclamations motivées en faveur de Garcia Moreno, « libérateur de la patrie, protecteur de la religion et de la morale, défenseur de l'ordre et de la propriété, modèle enfin de toutes les vertus. »

Le jour venu pour rendre compte de ses actes, Garcia Moreno, sans s'abaisser à justifier sa conduite, affirma que la faiblesse du Congrès, en désarmant le pouvoir, en accordant l'impunité aux rebelles, avait excité leur audace.

« Je n'ai pu sauver la patrie, s'écria-t-il, ses institutions, ses intérêts les plus chers, sans prendre sur moi la responsabilité nécessaire d'exterminer ses ennemis... Sans un gouvernement fort auquel vous rendrez les armes pour réprimer le crime, le pays livré aux fauteurs de la révolution, marchera de crise en crise jusqu'au jour où il sombrera dans l'abîme de l'anarchie. »

Les membres les plus hésitants du Congrès, vaincus par la logique irrésistible de cette parole loyale et patriotique, s'unirent pour déclarer que « Garcia Moreno s'est couvert d'une gloire immortelle en restituant à la République l'ordre et la paix... Que, par son abnégation, ses sublimes efforts, ses héroïques sacrifices, il a bien mérité de la patrie..., et qu'enfin, le peuple attend du Président actuel qu'il marchera sur les nobles traces de son prédécesseur. »

La discussion qui devait à quelques jours de là retenir Garcia Moreno sur le sol de l'Equateur, est encore plus significative. Il sollicitait l'autorisation de quitter momentanément l'Amérique, tant pour se reposer, que pour laisser au Président une liberté plus entière. Au premier bruit de cette demande, des pétitions couvertes de signatures réclamaient impérieusement du Congrès la défense que Garcia Moreno s'éloignât un seul jour, attendu « que la nation a besoin de ses importants services, de son influence sur l'administration..., et, au cas d'une rupture avec une puissance voisine, de ses exemples et de son bras... car le seul chef de l'armée, sur terre et sur mer, est Garcia Moreno ! »

CHAPITRE X

Chute de Carrion. — Espinosa. Tremblement de terre d'Ibarra.

Le Président Carrion, élu par l'influence de Garcia-Moreno, se montrait au pouvoir d'une politique inconsistante : il rêvait de contenter tous les partis ; et, selon le sort ordinaire de ceux qui entreprennent ce travail insensé, il ne contentait personne. « On vit cet honnête homme faire des efforts inouïs pour n'incliner ni à droite ni à gauche, et tenir l'équilibre entre les bons et les méchants : jeu de bascule où les plus célèbres acrobates ont toujours fini par se casser le cou. »

Sous prétexte d'un traité à conclure avec le Chili, le Président, gêné par la présence de Garcia Moreno, l'envoyait comme ministre plénipotentiaire ; le grand homme aimait cette République si chrétienne dans ses lois et sa constitution ; s'il avait dû un jour abandonner l'Équateur, il aurait été s'établir au Chili.

Les francs-maçons triomphants, se promettaient bien que Garcia Moreno ne leur échapperait pas cette fois ; des avertissements de toute sorte lui arrivèrent avant le départ, il répétait avec sa confiance ordinaire : « Si Dieu demande ma vie, je suis prêt à la lui donner! » Parti de Guayaquil le 27 juin 1866, avec deux employés à ses ordres, un ami et une petite nièce, enfant de huit ans, qui se rendaient à Valparaiso, il arrivait à Lima le 2 juillet; il mettait le pied sur le trottoir de la gare, lorsque Viteri, parent d'Urbina, suivi d'un affidé, tira deux coups de revolver sur Garcia Moreno, qu'il blessa au front et à la main. Les policiers du Pérou se présentèrent alors et demandèrent les armes, non des assassins, mais des victimes ; l'indignation populaire les forçait cependant à saisir Viteri, et Garcia Moreno remettait aux mains du préfet son revolver encore garni de toutes les balles; ainsi, pour échapper au meurtrier, il lui avait saisi le bras, au lieu d'user du droit de légitime défense.

Dans l'espérance que le temps effacerait en partie l'émotion publique, le procès de Viteri fut traîné en longueur; on embrouilla si bien l'affaire que l'assassin osa se poser en victime, accusa Garcia Morena d'être l'agresseur, et l'on trouva des juges pour accepter ce mensonge et ratifier cette imposture !

Arrivé au Chili, le plénipotentiaire de l'Équateur y fut accueilli par le Président, les hauts fonctionnaires et la population, avec tous les honneurs dus à sa réputation et à la sympathie que lui attirait l'attentat de Viteri ; après six mois de séjour à Valparaiso toutes les difficultés internationales étaient aplanies, les traités conclus au grand avantage des parties; Garcia Moreno était devenu l'ami de tous les hommes de science et de vertu du Chili, tous avaient admiré l'étendue de ses connaissances, les hautes conceptions de son génie, son ardent patriotisme, son dévouement à la régénération sociale fondée sur les lois de l'Eglise.

Pendant cette absence, le Président Carrion avait continué de trembler... Pour ne pas exciter les clameurs des méchants, il sacrifiait les bons, suspendait l'exécution du Concordat et la plupart des réformes commencées; les honnêtes gens se plaignaient de la faiblesse du gouvernement; les révolutionnaires se montraient mécontents de ne pas recevoir toutes les libertés dont ils avaient besoin pour renverser l'ordre. Ils travaillaient les populations pour obtenir des députés de leur choix, pendant que les électeurs de la capitale appelaient au Sénat Garcia Moreno.

« Le gouvernement ayant eu l'imprudence de permettre la réorganisation d'un club anarchiste dissous depuis deux ans, on vit aussitôt apparaître d'immondes publications. » Les bons se croisèrent les bras, et le peuple, invinciblement trompé, vota d'une manière détestable, puisque le nom de Garcia Moreno se trouvait associé à ceux des Urbinistes et des plus dangereux sectaires.

Ceux-ci pouvaient tout oser en présence du faible Carrion; ils réclamèrent l'*invalidation* du grand Sénateur, et l'obtinrent du Parlement à force de basses intrigues et de misérables jalousies. Lui cependant se présentait avec le calme ordinaire pour occuper son siège ; ceux qui parlaient le plus haut contre lui se levèrent d'instinct à son approche, et se rangèrent avec déférence sur le passage du héros qui commandait le respect par sa seule présence ; il ne quitta la ville qu'après s'être convaincu qu'il n'y avait alors rien à y faire. Les révolutionnaires, débarrassés de Garcia Moreno, résolurent de renverser le Président Carrion ; ils s'y prirent avec tant de violence, et Carrion oscilla si maladroitement entre les partis, que tous se réunirent pour lui imposer un Président intérimaire pendant les dix-huit mois qui restaient encore ; l'Etat allait peut-être tomber entre les mains d'Urbina et consors, lorsque Garcia Moreno, que l'on croyait à Guayaquil, parut à Quito, rappelé inopinément par la Providence, qui voulait encore une fois sauver l'Équateur.

Les Chambres et les vrais patriotes, unis au peuple entier, le supplièrent de s'interposer pour obtenir la démission du Président ; Carrion ne céda qu'après avoir été averti que l'armée même ne le soutiendrait pas ; et Xavier Espinosa, présenté par Garcia Moreno, le remplaçait au fauteuil sans que personne osât lui opposer un concurrent.

Mais, hélas ! Espinosa que l'on espérait devoir se montrer capable de régir l'Équateur, ne voyait plus, étant si près, que dans un mirage trompeur les périls de la situation ; les Équatoriens, comprenant alors qu'il fallait plus qu'un honnête homme pour rétablir l'ordre, adressèrent à la nation, par la voie de la Société Patriotique, un appel chaleureux, affirmant « qu'après avoir consulté toutes les Sociétés provinciales, les pères de famille et les citoyens influents, ils avaient reconnu la candidature de Garcia Moreno comme une *nécessité*, en même temps qu'un témoignage d'estime et de reconnaissance. » Puis ils rappelaient les titres du grand libérateur à cette reconnaissance. Aussitôt arrivèrent de tous les points l'adhésion enthousiaste et motivée ; Garcia Moreno, indignement attaqué par les ennemis de la République chrétienne, et considérant que « son refus mettrait en péril les plus chers intérêts du peuple, » se voyait dans l'impossibilité de refuser.

« Je dois cependant faire connaître à la nation, dit-il dans son manifeste, les principes qui dirigeront ma conduite, si elle m'appelle à l'honneur de la gouverner : Respect et protection à l'Eglise catholique ; adhésion inébranlable au Saint-Siège ; éducation basée sur la foi et la morale ; diffusion de l'enseignement à tous les degrés ; achèvement des routes commencées et percement de nouvelles voies selon les besoins et les ressources du pays ; garantie pour les personnes, les propriétés, le commerce, l'agriculture et l'industrie ; répression prompte et énergique de la démagogie et de l'anarchie ; maintien de nos bonnes relations avec tous nos alliés ; promotion aux emplois de tous les citoyens honorables ; enfin *liberté pour tous et pour tout, excepté pour le mal et les malfaiteurs.* »

Il est plus facile de comprendre que d'exprimer la joie des bons et la fureur des méchants ; ces derniers armaient partout leurs sicaires, tentaient de soulever les provinces, et prenaient enfin la résolution de renverser le Président par un coup de main inattendu ; mais ils avaient compté sans Garcia Moreno. Informé du complot jusque dans les moindres détails, il se rend de nuit à la caserne ; les soldats l'accueillent avec des vivats répétés ; il prend le commandement de l'armée et les pères de famille réunis en conseil pendant que les conspirateurs s'échappaient dans l'ombre, arrêtent que « Garcia Moreno exercera le pouvoir en qualité de Président intérimaire, avec toutes les facilités nécessaires pour réorganiser la République, conserver l'ordre à l'intérieur et la paix à l'extérieur... Une Convention nationale sera convoquée à l'effet de réformer les vices de la constitution et de la législation avant d'élire un Président. »

Garcia Moreno n'avait pu se dérober à l'honneur si périlleux, à la tâche si ingrate, de tenter une fois encore le rétablissement de l'ordre et le maintien de la paix ; mais il se hâta de déclarer avec serment qu'il résignerait le pouvoir aussitôt que les institutions réformées auraient permis l'élection d'un chef de l'Etat.

Pendant la période que nous venons de parcourir, l'intrépide héros avait exposé sa vie pour l'existence morale de l'Équateur ; il allait sacrifier ses forces, son temps et sa fortune pour les victimes d'Ibarra. Garcia Moreno avait perdu sa femme, Rosa Ascasubi, et son jeune fils Gabriel demandait encore les soins d'une mère, quand l'ex-Président de l'Équateur épousait Mariana de Alcazar. Ce choix honorait une seconde fois la famille des Ascasubi, mais la mère de Mariana craignait pour sa fille les terribles inquiétudes inhérentes à la compagne de Garcia Moreno. Mariana eut assez de courage pour préférer les souffrances du grand chrétien à la tranquillité d'une existence moins précieuse à la patrie ; elle en partagea vraiment les angoisses et les dangers.

La tentative d'assassinat de Viteri, l'invalidation de l'élection au Sénat, enfin la mort d'une petite fille de quatre ans, avaient rempli d'amertume l'existence de la jeune mère, et même le cœur si tendre de Garcia Moreno. Conduisant au tombeau les dépouilles de son enfant, il sanglotait, malgré sa résignation : « Oh ! que je suis faible, moi qui me croyais si fort, avouait-il simplement ! » C'est à cette époque, 1868, qu'il se retirait dans une hacienda, près de Guachala, dans la province d'Ibarra. La Providence l'y conduisait, afin que du point extrême Sud au point extrême

Nord, l'Equateur eût à le reconnaître comme un père et un sauveur.

Le 13 août 1868, les volcans qui couvrent le pays avaient commencé leurs sourdes rumeurs; des oscillations répétées et menaçantes avaient effrayé les habitants. Dans la nuit du 15 au 16, en quelques secondes, plus de la moitié de la population de la ville et de la province était engloutie dans les fissures et les abîmes du sol entr'ouvert; toutes les maisons étaient en ruines; sous les décombres, les malheureux survivants écrasés par les édifices, brûlés par la lave et l'eau bouillante des volcans, remplissaient l'air de cris affreux. Des voleurs de profession et même des sauvages, accouraient sur le lieu du désastre pour dévaliser les morts et rançonner les vivants. Le nom de Garcia Moreno circulait déjà dans toutes les bouches, lorsqu'il reçut officiellement du ministre l'ordre de se rendre à Ibarra, comme « chef civil et militaire de la province, investi par le gouvernement de tous les pouvoirs..... et autorisé à prendre toutes les mesures nécessaires pour sauver ce peuple d'une ruine totale. »

La population se crut sauvée en voyant paraître Garcia Moreno. Pendant que les soldats maintenaient à distance les voleurs et les sauvages, il conduisait en personne les troupes et les compagnies d'ouvriers sur les endroits les plus bouleversés par la commotion; il faisait déblayer le terrain, traversait le premier les torrents, les précipices et les affreuses cavernes

creusées par le tremblement de terre, et ne s'arrêtait devant aucun danger pour arracher à la mort le plus grand nombre possible de victimes.

Afin de donner à ce pauvre peuple la nourriture nécessaire, il se fit envoyer de Gua-

« La population se crut sauvée en voyant Garcia Moreno. »

chala tous les vivres et provisions de sa propriété ; il sollicita la charité des provinces, organisa les convois, réprima l'avarice de certains fournisseurs, qui spéculaient sur la destruction des récoltes, et tint en même temps l'œil ouvert sur la bonne distribution des secours.

Aussi les Ibarraniens n'avaient-ils qu'une voix pour célébrer la « protection dont Garcia Moreno les avait entourés ; on dirait que cet illustre héros a été créé par Dieu tout exprès pour nous consoler dans cette immense infortune ; et les paroles nous manquent pour célébrer notre sauveur. »

Quatre années seulement après ce désastre, les missionnaires établis à Ibarra pourront écrire : « La malheureuse cité est en pleine reconstruction ; le gouvernement bâtit un vaste hôpital, l'évêque relève sa cathédrale, les Dominicains leur couvent ; le Président nous donne mille piastres pour réparer celui de Saint-François ; la religion est ici partout en honneur ; la population accourue au devant de nous à plusieurs lieues de la cité, nous a reçus avec enthousiasme ; plus de cinquante arcs de triomphe se dressaient sur notre route, et la musique nous accompagnait de ses joyeux concerts. »

Pourrait-on s'étonner après cela que de toutes les provinces, le Président intérimaire ait été acclamé, que de partout on lui envoyât des adhésions et des actions de grâce, que son buste fût placé dans les palais publics, et que les organes les plus autorisés des sociétés patriotiques aient proclamé Garcia Moreno le « noble chef dont le cœur n'a jamais battu que pour le bien de la patrie, qu'il a sauvée mille fois avec une rapidité qui tient du prodige. »

« A Dieu seul, amour, louange et gloire, répond le noble chrétien ; en me dévouant pour mon pays, je n'ai fait que mon devoir, notre gratitude doit s'élever jusqu'au ciel, et c'est Dieu qui nous a sauvés avec une promptitude inouïe des calamités dont nous étions menacés. »

CHAPITRE XI

Garcia Moreno sauveur de la République. La Constitution. Le Président malgré lui.

Pour relever de ses ruines la malheureuse ville d'Ibarra, il avait fallu d'abord déblayer le terrain, achever de détruire les édifices écroulés, creuser jusqu'aux fondements ébranlés pour les asseoir sur un terrain solide ; ainsi pour éloigner les malheurs de la patrie, pour la relever au rang d'un Etat chrétien, il était urgent de rejeter les éléments de destruction entassés par la Révolution sans qu'elle ait pu élever un édifice quelconque.

« Quand les institutions politiques incarnent une doctrine mauvaise, c'est toute la vie nationale qui en est infectée ; c'est l'erreur et le mal poussés par l'énergie de toutes les forces publiques mises à leur service ; les ravages ne se calculent pas. » (Mgr Baunard. *Espérance.*)

Garcia Moreno, pour renverser le monstre, alla droit au cœur. « Considérant que l'Université de la capitale n'a été par ses détestables doctrines qu'un foyer de perversion pour la jeunesse, il la déclare dissoute et le conseil de l'instruction publique supprimé ; le collège de Cuença « foyer d'immoralité et fondé par la secte pour nuire à l'établissement catholique très prospère dans la ville, » est fermé par ses ordres. Le Concordat est rétabli dans son intégrité ; car pour éviter une sorte de schisme, le Saint-Siège avait toléré que les causes ecclésiastiques fussent portées au tribunal civil. Aux yeux de Garcia Moreno, ces deux dispositions assuraient aux électeurs une liberté suffisante ; aussi se hâtait-il de convoquer l'Assemblée pour donner une constitution catholique à un État chrétien ; il y avait de quoi effrayer les meneurs ; on corrompit quelques soldats à prix d'or, et Vintimilla, suivi de plusieurs officiers, ayant saisi le général Darquéa pendant la nuit, le retint prisonnier. A cette nouvelle, bientôt connue, la résistance s'organise, Darquéa se met à la tête de ses geôliers, Vintimilla, blessé au front, est tué ; les insurgés s'enfuient, et l'ordre était déjà rétabli quand Garcia Moreno prévenu, arrive à la caserne, n'ayant plus qu'à récompenser les troupes fidèles et à punir de l'exil les coupables ; il décrète alors l'état de siège, afin d'ôter aux plus hardis les moyens de troubler la paix si nécessaire au moment de la réunion des électeurs. Cette insurrection du 19 mars mit de nouveau en relief la grande personnalité de Garcia Moreno ; tous les députés, écho fidèle de la voix du peuple, comprenaient qu'après avoir élaboré une bonne constitution, il faudrait choisir un bras assez énergique, assez généreux pour la défendre contre tous les ennemis du dedans et du dehors.

Le noble programme de Garcia Moreno pouvait se résumer en deux points : Mettre la constitution politique en parfait accord avec les croyances religieuses ; donner au pouvoir l'autorité nécessaire pour réprimer l'anarchie. Avec le grand philosophe chrétien de Bonald, il disait : « Il faut considérer la religion en homme d'Etat, et la politique en homme religieux. »

Ce que le révolutionnaire Blanqui a constaté malgré lui en écrivant (1) : « Il y a des questions qui demeureront insolubles tant que la religion n'y mettra pas la main... et c'est justice ; elle seule peut, en effet, bien résoudre les questions qu'elle a bien posées. »

Lorsque l'Assemblée fut réunie, Garcia Moreno, dans un Message éloquent, rendit compte de sa conduite et remit aux Chambres le pouvoir qu'il avait accepté jusqu'à la convocation du Parlement : les députés le réélurent séance tenante pour la durée de la Convention ; mais il restait inflexible, force leur fut donc d'accepter sa démission, tout en faisant savoir au grand libérateur « que les bons citoyens n'ont pas le droit de refuser leurs services à la patrie... et que la Convention espérait le trouver, comme toujours, prêt à servir le pays avec l'honneur, la loyauté et le patriotisme dont il a donné tant de preuves. »

(1) *Histoire de l'Economie politique.*

Manuël Ascasubi, son beau-frère, élu Président par intérim, appelait Garcia Moreno au ministère des finances ; les vœux unanimes du peuple, de l'armée et des généraux, manifestés par de nombreuses pétitions, amenèrent ensuite le vote qui le proclamait général en chef de l'armée. Après une semaine de réflexion, le héros se décidait à obéir « pour continuer à défendre la religion et la patrie. » « Je compterai, pour remplir ce devoir, écrivait-il, sur la coopération du peuple, la valeur et la loyauté de l'armée, et surtout sur la Providence de Dieu. »

Les articles de la nouvelle constitution furent ensuite présentés et discutés l'un après l'autre.

En tête du texte même, on inscrivit le nom de « Dieu, auteur, conservateur et législateur de l'univers. » C'était du premier coup reconnaître que tout pouvoir vient de Dieu. (*Omnis potestas à Deo est*) (1).

Le premier article maintient la religion catholique, apostolique et romaine religion de l'Etat, « à l'exclusion de toute autre. » Les autres articles concernant la liberté de l'Eglise et la reconnaissance de tous les droits qui lui appartiennent en propre, sont de nouveau affirmés, dans les

---

(1) Ce que M. de Bonald résume ainsi dans la *Législation primitive*, chap. 1 : « L'homme-Dieu est le *moyen* universel entre Dieu et les hommes. — L'homme-roi ou chef est envoyé de Dieu pour l'Etat. — L'homme-père est envoyé de Dieu pour la famille.

termes même du Concordat dont nous avons parlé plus haut.

« Nul n'ignorait que l'intention de Pie IX n'était pas d'*imposer* la suppression de la liberté des cultes comme un devoir absolu dans l'état actuel du monde ; mais il condamnait l'erreur qui assure, contrairement aux droits inaliénables de Dieu et de la vérité, la même protection à la vérité et à l'erreur (1) ; » qui reconnaît la même vertu pour éclairer les âmes, à la lumière et aux ténèbres.

Pour assurer l'union de l'Etat avec l'Eglise, le prévoyant législateur demande, et l'unanimité moins deux voix adopte cette dernière clause : « Ne peut être électeur ou éligible, ou fonctionnaire quelconque, celui qui ne professe pas la religion catholique. »

Car, proclamait-il hautement à la tribune, « si l'on exerce les droits de citoyen sans être catholique, il s'ensuivrait qu'un juif, un protestant, un renégat, pourrait devenir magistrat, professeur, ministre, ou même Président de la République, sans que l'on eût à s'y opposer, et pourrait infiltrer au cœur de la société des principes immoraux et impies, qui bientôt la conduiraient à sa ruine. » Pourquoi laisserions-nous entamer chez nous l'unité de la vraie foi, quand à Londres et à Saint-Pétersbourg, l'hérésie et le schisme entreprennent l'impossible pour arriver à l'unité religieuse.

(1) Pie IX. Villefranche.

« La société prive de ses droits le vagabond, le fou, le repris de justice, l'ivrogne de profession, quoi d'étonnant si un Etat catholique déclare encore « déchu comme citoyen tout individu appartenant à une société prohibée par l'Eglise. »

« Non, disait Garcia Moreno avec Pie IX : « La raison humaine n'est pas l'unique arbitre du vrai et du faux, du bien et du mal... elle n'est pas à elle-même sa loi, elle ne suffit pas par ses forces naturelles à procurer le bien des hommes et des peuples. »

Ce bien du peuple qui lui était confié, il le voulait dans toute la mesure possible ; après avoir constitué l'Etat catholique, il voulut constituer l'Etat civil, et pour cela fortifier le pouvoir et remettre entre ses mains les moyens de tenir les rênes, même quand le char est entraîné dans une course furibonde.

En obligeant les Chambres à respecter les lois de l'Eglise et les lois constitutives de l'Etat, il restreignait les débats parlementaires aux simples questions des évènements et des affaires actuelles.

Si le Président refusait d'approuver une décision des Chambres, elle devait être renvoyée au futur Congrès ; de façon à ce que les deux puissances mieux informées ou plus instruites par l'expérience, décidassent enfin avec maturité par un accord mutuel.

Les ministres, les fonctionnaires, les chefs

d'administration, etc., dépendaient du pouvoir exécutif ; les magistrats, du Président et du Congrès. L'armée reçut aussi les règlements nécessaires pour prévenir la rébellion, la désertion, l'indiscipline, et pour les réprimer au besoin. Le Président et son conseil pouvaient mettre le pays en état de siège, défendre et arrêter les écrits dangereux, juger militairement les séditieux et leurs complices, etc. La liberté de la presse fut restreinte de façon à ne laisser paraître aucun écrit contre la foi ou les mœurs.

« Liberté pour tout et pour tous, répétait Garcia Moreno, excepté pour le mal et les malfaiteurs. » Ce que demandent, au contraire, les ennemis des peuples, c'est la liberté du mal et des malfaiteurs ; ce qu'ils ôtent au pouvoir et aux bons, ils le donnent à la licence et aux méchants ; plus cruels en cela que l'homme raisonnable, qui, pour ne pas irriter un enfant ou un insensé, leur abandonnerait des armes pour se détruire !

Cependant la nation pleine de confiance en son glorieux défenseur, s'occupait peu de la constitution ; elle avait compris d'instinct que « tant vaut l'homme, tant vaut la chose ; » elle attendait anxieuse la grande question de l'élection présidentielle. Jusqu'alors le gouvernement, députés et sénateurs, mouraient de deux en deux ans ; le chef même déposait le pouvoir au bout de quatre années, sans qu'il fût permis de le réélire ; de là ce mouvement perpétuel si cher aux ambitieux comme aux perturbateurs, si fatal aux institutions, au commerce, à l'industrie, en un mot à tous les progrès d'un Etat.

La constitution de 1869 décide que le Président, nommé pour six ans, pourra être maintenu par une nouvelle élection six autres années encore. En sortant de charge il devra compte au Congrès de tous ses actes, pourra être mis en accusation. Députés et sénateurs élus pour six ans et pour neuf, seront renouvelés par tiers tous les deux ans, de sorte que « le pays, délivré du fléau des élections continuelles, puisse profiter du génie d'un homme d'Etat. »

« Cette constitution catholique, où l'autorité divine et humaine se donnent la main pour travailler de concert au bonheur éternel et temporel du peuple... fut acclamée et ratifiée par quatorze mille voix contre cinq cents... ce qui prouve « qu'au milieu de l'apostasie générale des nations, il se trouve encore sur la terre un peuple chrétien. »

Le 29 juillet 1869, l'Assemblée se rendit à l'église ; et au pied de l'autel après avoir entendu la messe, chaque membre déposa son vote pour l'élection du Président. Garcia Moreno réunit tous les suffrages, sauf un ; Carvajal, président de l'assemblée, ne put néanmoins vaincre sa résistance.

« J'ai fait serment de résigner le pouvoir entre les mains des représentants, disait Garcia Moreno, et de pas accepter un nouveau mandat, je reste fort de ma promesse. »

« Le pouvoir que vous nous avez remis, nous vous le rendons, répondaient les mandataires de la nation ; un serment qu'on ne peut tenir sans nuire à son pays ne vaut rien, et vous ferait encourir la responsabilité de tous les maux prévus. »

Garcia Moreno refusait toujours, suppliant cette fois de considérer la gravité des motifs qui appuyaient sa renonciation.

De nouveau, les députés, décidés à vaincre cette noble résistance, envoyaient Carvajal porter au Président l'*ordre* de se soumettre à la volonté définitive de l'Assemblée, « attendu que ses services paraissaient indispensables pour consolider l'ordre et la paix... Elle était persuadée que cédant enfin à la volonté nationale, représentée par la Convention, il se présenterait le lendemain à l'église métropolitaine pour prêter le serment. »

S'il est une occasion où la voix du peuple doit être considérée comme la voix même de Dieu, c'est bien en cette solennelle élection, deux fois renouvelée en deux jours. L'héroïque Président céda à de telles instances, et d'une voix émue, mais vibrante, en présence d'une foule compacte, prononça la formule du serment :

« Je jure par Dieu Notre-Seigneur, et par ces saints Evangiles, de remplir fidèlement ma charge de Président de la République ; de professer la religion catholique, apostolique et romaine ; de conserver l'intégrité et l'indépendance de l'Etat ; d'observer et de faire observer la constitution et les lois. Si je tiens parolé, que Dieu soit mon aide et ma défense ; sinon que Dieu et la patrie soient mes juges. »

Le discours de Carvajal rassurait les scrupules

de l'illustre Président : « il avait dans un premier mandat loyalement tenu sa parole, dépassé toutes les espérances ; l'Équateur avait pendant quatre années goûté les fruits de son dévouement, de sa justice et de toutes ses vertus... Désormais

---

« Le pouvoir que vous nous remettez, nous vous le rendons. »

l'Assemblée, l'armée, la magistrature, l'administration, le peuple entier acclamaient la période nouvelle de paix et de prospérité que le nom de Garcia Moreno assurait à l'Équateur. »

« Comment répondre aux espérances de la nation, à la confiance dont vous m'honorez, répliquait le Président. Comment gouverner, là où gouverner c'est combattre ? Comment assurer l'existence et la liberté de la République, lancer la nation dans la voie de la civilisation et du progrès, en présence des fauteurs de désordre qui font des révolutions pour se hisser au pouvoir, comme on agite l'eau pour faire monter la fange à la surface !...

« Mon serment m'oblige à me sacrifier pour la religion et la patrie, sans craindre la mort, sans espérer d'autre récompense que la satisfaction du devoir accompli... Maintes fois j'aurais perdu tout espoir si mes yeux et mon cœur ne s'étaient tournés vers le ciel... pour vaincre mes terreurs et tenir mes serments. Heureux s'il m'arrivait d'avoir à les sceller de mon sang pour défendre la religion et la patrie. »

« La Révolution est satanique, » avoue M. Yves Guyot : aussi battue sur toute la ligne, elle remplaça le prétendu droit du peuple par le droit du poignard ; elle arma ses sicaires.

Une première tentative, conduite par Espinel et Manuel Cornejo, échoua au dernier moment par le fait d'un des conspirateurs ; cet homme recon-

nut la noirceur du crime qui, en s'attaquant au chef de l'Etat, priverait la nation entière des bienfaits de son gouvernement, et découvrit le complot. Le rusé Espinel s'échappa, les autres furent condamnés à mort; pour Cornejo, que l'histoire dé-

Il répète : « Pardon! pardon! »

signe comme un *adolescent*, à peine entré dans la prison, il se livrait à un tel désespoir, prétendait avoir des communications si pressantes à confier au Président, que le colonel Dalgo crut devoir le conduire pendant la nuit au domicile de Garcia Moreno.

L'hypocrite se jetant aux genoux de son juge, enlaçant ses genoux, les arrosant des larmes du repentir, avoua ses projets, dénonça ses complices, et, comme incapable de survivre à sa douleur, il répétait d'une voix entrecoupée : « Pardon ! pardon ! » Devant la jeunesse et l'émotion de Cornejo, le Président, vaincu lui-même, commua la peine de mort en un exil de huit années, et poussa la compassion jusqu'à donner au coupable une boisson fortifiante et les soins que paraissaient réclamer ses angoisses. La reconnaissance de Cornejo ne se fit pas attendre ; dès qu'il eut franchi la limite de l'Etat, il y faisait rentrer un pamphlet abominable pour exciter à la révolte contre celui qui venait de lui faire grâce.

D'autres séditieux tentaient vainement de révolutionner les villes par tous les moyens de séduction et d'intimidation ; « la révolution comprit enfin que le peuple s'unissait au gouvernement... le calme s'établit dans le pays, ce qui permit à Garcia Moreno de s'adonner tout entier à son œuvre civilisatrice. »

TROISIÈME PARTIE

PÉRIODE D'ORGANISATION

CHAPITRE XII

Seconde Présidence de Garcia Moreno. — Ses vertus : foi, justice, charité, etc. — Missions du Napo.

Six années de paix sous le gouvernement d'un Garcia Moreno, devaient être pour l'Équateur autant d'années de prospérité et de progrès dans tous les ordres d'idées. Avant de le suivre dans les détails de sa vie publique, pendant cette seconde présidence, il est intéressant de connaître plus à fond le caractère intime et la physionomie morale de ce héros, unique dans notre siècle, et qui semble avoir réuni toutes les vertus politiques et privées d'un Charlemagne et d'un saint Louis, avec le génie propre aux temps modernes et au tempérament américain.

Sa prodigieuse mémoire n'avait rien perdu de sa promptitude depuis le jour où, devant ses camarades, il reprenait une légère erreur dans la citation d'un long passage de Tacite.

Il était grand et mince, bien que robuste, portant la tête droite; il avait le front élevé, rayonnant d'intelligence et de droiture; son regard vif et pénétrant s'animait à la flamme de sa pensée, sa voix au timbre sonore et sympathique, sa parole nette, brève, incisive, exprimait clairement les plus grandes conceptions, les plus nobles sentiments. Le temps lui était un trésor précieux, il n'en perdait pas une obole, et comme son intelligence lui présentait à la fois toutes les raisons des choses, sa décision était prompte, sa volonté inébranlable; tout en lui, jusqu'à sa démarche, révélait l'homme d'autorité et de génie. Ses convictions religieuses étaient basées sur la foi et la soumission aux enseignements de l'Eglise, sans doute; mais il avait approfondi l'étude de toutes les questions religieuses, il avait voulu s'entourer de toutes les lumières de la science, et les faire toutes servir de preuves à la Révélation.

Sa maxime favorite était, dans son gouvernement : *Tout pour la nation, par l'Eglise*, car la loi de Dieu est le salut des peuples. Le travail était sa vie, travail assidu, opiniâtre; il ne connaissait la fatigue que pour la dominer, les aises du corps que pour les mépriser; point de plaisirs, de divertissements, de fêtes, de repas; il s'était fait une loi de ne jamais toucher les cartes, qu'il aimait comme distraction, avant huit heures du soir; à neuf heures, il se retirait pour écrire bien avant dans la nuit. Levé à cinq heures, le Président ne sortait de l'église qu'après avoir entendu la messe, médité longuement sur ses devoirs, et prié avec une ferveur toute espagnole pour les accomplir fidèlement; il se rendait ensuite aux hospices, visitait et consolait les pauvres; rentré vers sept heures, il travaillait jusqu'à dix, et après un léger repas, il se rendait au Palais du gouvernement, d'où il ne revenait qu'à quatre heures, donnant ainsi l'exemple de l'assiduité qu'il exigeait de tous les fonctionnaires, depuis le plus bas degré de la hiérarchie jusqu'aux ministres.

Vers quatre heures, il dînait en famille, puis visitait les travaux publics, s'entretenait avec ses amis ou ses conseillers; il ne changeait rien à ce règlement, à moins que les affaires ne vinssent à réclamer un travail plus excessif encore. « Un chef d'Etat, disait-il, doit vivre pour travailler. » Il voyageait toujours à cheval, car les routes n'existaient pas à l'Équateur : sans se soucier du soleil brûlant, ni des pluies torrentielles de ces régions, il allait où le devoir l'appelait, donnant à peine quelques heures au sommeil. Encore arrivait-il parfois si trempé par les orages, qu'il refusait de se coucher : « Je ne pourrais demain, répondait-il un jour, reprendre ni mes habits, ni mes bottes. »

La bonté était le fond de son caractère : C'est, a dit un auteur, la seule vertu qui ne peut dégénérer en défaut : par sa nature même « Dieu est bon. » Nous avons vu comment Garcia Moreno aimait sa mère. Doña Mercedez vécut jusqu'à quatre-vingt-quatorze ans; son fils l'entourait d'amour et de vénération, il avait dit dans son enfance : « Je ne connais de bon à Guayaquil que ma mère et la banane, » plus tard il appelait dona Mercedez « ma sublime mère » et lorsqu'elle retournait à Dieu en 1873, il écrivait : « Combien de fois dans mon enfance s'est-elle efforcée de me faire comprendre avec le plus grand zèle que le seul mal à craindre ici-bas, c'est le péché ! Elle me disait que je serais toujours heureux si je savais sacrifier biens matériels, honneurs, vie même, pour ne pas offenser Dieu. Ma mère a vécu près d'un siècle, je dois me féliciter, car elle était une sainte ; au-dessus de tout resplendissait dans sa belle âme la foi la plus vive. Bien que d'un naturel extrêmement timide, elle était courageuse jusqu'à l'héroïsme, quand il s'agissait d'affronter un péril quelconque pour remplir un devoir ; je ne saurais dire tout ce que je lui dois. »

Cette foi « à transporter les montagnes, » Garcia Moreno la transmettait à son fils unique le petit Gabriel ; et le présentant aux Frères pour son éducation, il disait : « Voilà mon fils, il a six ans, je ne vous demande qu'une seule chose : Faites de lui un chrétien. »

Garcia Moreno ne défendait jamais l'entrée de sa demeure, et aimait à se voir entouré de son peuple ; pauvres et riches, enfants et vieillards, tous ceux qui avaient besoin de lui l'approchaient facilement, lui exposaient leurs nécessités avec confiance. Un soir il rencontre un petit garçon tout en larmes ; le Président s'arrête, et devant le désespoir de l'enfant soupçonne quelque malheur : « Ma mère vient de mourir, répond l'enfant au

travers des sanglots. » Sans hésiter, Garcia Moreno quitte ses amis, et reconduit le pauvre orphelin chez son père, lui portant avec les consolations de la foi, la compassion qui adoucit tous les maux. Dans une autre circonstance, c'est

Garcia Moreno conduit l'orphelin.

un pauvre invalide qui se plaint de ne pas recevoir exactement sa pension. Le trésorier affirme l'avoir remise ; mais le Président s'étant fait apporter les livres, constate la négligence de l'employé et lui donne à choisir entre la destitution et le paiement de la dette.

Un pauvre Indien l'attendait sur la route, pour lui expliquer qu'un riche agriculteur avait enclavé dans sa terre quelques champs dont l'Indien était le propriétaire. Le Président fit rendre à l'Indien les parcelles de terrain, et destitua de ses fonctions l'injuste détenteur de ce bien mal acquis.

Sans partialité, sans favoritisme, Garcia Moreno rendait justice à ses ennemis comme à ses amis. Un fameux révolutionnaire, Vivero, avait confié une forte somme à l'un des plus riches commerçants de Quito ; en vain la lui réclama-t-il plusieurs fois, le marchand faisait la sourde oreille ; enfin il donne rendez-vous à Vivero pour recevoir l'argent ; mais Vivero se trouve en face des agents de la police prévenus par le négociant, qui prétendait ainsi se libérer de sa dette. Garcia Moreno examina les affirmations de Vivero, et les ayant reconnues exactes, il punit le marchand et se contenta de dire à Vivero : « Colonel, vous êtes libre ; allez et ne conspirez plus. »

Plein d'indulgence pour le repentir, il savait par bonté même, se montrer inexorable envers les criminels : « Vous vous attendrissez sur le sort des bourreaux, disait-il, moi j'ai pitié des victimes. » Contraint par son devoir de sévir trop souvent, il avait le cœur brisé de regret; et maintes fois on le vit rester à l'église abîmé dans la prière, pendant que les exécuteurs de la justice punissaient les coupables.

En effet sa grande âme savait compatir, il n'est pas de douleur qu'il ne s'efforçât de consoler en fortifiant les courages. « Je compatis à vos peines, répondait-il, à la confidence de pénibles calomnies; mais vous avez là une magnifique occasion de vous enrichir pour l'éternité. Les coups qui vous atteignent vous paraîtront moins rudes si vous les comparez à ceux dont on m'accable tous les jours. Faites comme moi : mettez l'outrage au pied de la croix, et priez Dieu de pardonner aux coupables. Demandez lui qu'il me donne assez de force, non seulement pour faire du bien à ceux qui répandent sur moi, par leurs paroles ou leurs écrits, les flots de haine qu'ils ont dans le cœur, mais encore pour me réjouir devant Dieu d'avoir à souffrir quelque chose en union avec Notre-Seigneur. »

Il tenait à honneur de visiter d'abord les hôpitaux dans chacune des villes de l'État : à Guayaquil, il trouva les malades mal couchés et privés des soins nécessaires. — « Dans quelques semaines, lui dit le gouverneur, ils seront mieux et je pourvoirai à leurs besoins. »

— « Eh quoi, répartit vivement Garcia Moreno, vous avez un bon lit et les pauvres malades, membres de Jésus-Christ, n'ont que de la paille ! Vous coucherez ici, ce soir même, au milieu d'eux tant qu'ils n'auront pas chacun un lit. »

Il n'est pas jusqu'aux lépreux dont il ne voulut partager les privations : pour s'assurer du bon traitement de ces pauvres infirmes forcément éloignés de la société de leurs semblables, il s'asseyait à leur table sans être attendu, et pourvoyait à l'amélioration des aliments. Les premières colonies des sœurs de Saint-Vincent-de-Paul furent employées au soin des malades, lui-même envoyait aux pauvres, sur son traitement, tout ce qu'il ne laissait pas à l'État ; vivant avec une frugalité extrême il économisait sur sa modeste fortune personnelle pour secourir en secret toutes les infortunes ; et l'on apprit après la mort du Président, que la famille d'Urbina, son plus dangereux et implacable ennemi, recevait sur les deniers de Garcia Moreno une pension mensuelle.

A Quito il s'était institué chef du grand hôpital ; toutes les misères devaient être soulagées : orphelinats, refuges pour la préservation et le repentir, pénitenciers même furent fondés, améliorés et confiés à la direction des Congrégations religieuses. Il n'est pas jusqu'aux ivrognes incorrigibles, que la charitable prévoyance du grand chrétien ne tentât de ramener au devoir. Il pensait que le travail au grand air, et sous la surveillance de directeurs fermes et bienveillants, guérirait peu à peu ces malades volontaires.

La réforme des prisons était plus difficile et réclama tous ses soins. Les continuelles insurrections, les vols de bandes organisées, avaient rempli les prisons de malfaiteurs. On n'avait d'autre souci que de les éloigner de la société, eux-mêmes ne songeaient qu'à tromper la vigilance des gardes pour reprendre la vie vagabonde. Deux éléments de réforme parurent indispensables au Président : un bon aumônier, un bon directeur. Garcia Moreno donna lui-même un règlement complet qu'il fallait observer sous des peines rigoureuses. Les conditions de vie matérielle étaient aussi bonnes que possible, le directeur devait écouter les prisonniers, faire droit à leurs justes demandes, les exhorter paternellement à se corriger, en un mot passer sa vie au milieu d'eux dans l'exercice du zèle et du plus entier dévouement. Les heures du jour étaient employées à des leçons de lecture, d'écriture et de calcul ; l'aumônier devait expliquer la doctrine chrétienne, enseigner la prière et présider des exercices de piété en rapport avec les besoins des pauvres détenus. Chacun d'eux était tenu de travailler au métier de son choix ; Garcia Moreno visitait souvent les prisonniers. il leur promettait la liberté ou la diminution de la peine s'ils se conduisaient bien ; à la fin de l'année, il allait avec les ministres et les principaux citoyens examiner leurs progrès en tous genres ; le succès dépassa souvent l'espérance, des gratifications en nature ou en argent furent distribuées, le Président abrégea la détention de plusieurs condamnés, et ouvrit les portes de la prison à celui qui avait donné le plus bel exemple de soumission et de repentir. Depuis cette époque, c'était à qui publierait la charité et la grandeur du Président; si bien qu'en 1875 de nouveaux bâtiments plus aérés ayant été terminés à Quito, étaient devenus inutiles faute de coupables à y mettre.

Restait à délivrer le pays des bandits répandus dans les montagnes, et qui échappaient à toute recherche au milieu des forêts et des précipices. Garcia Moreno avisa un homme de la police qu'il avait de fortes raisons pour soupçonner d'accord avec eux ; il lui promit une grosse somme s'il parvenait à saisir un certain chef qu'il lui nomma. Garcia Moreno avait su que cet homme, plus ami de l'imprévu que du vol, avait conservé des sentiments religieux; quand il parut devant lui, au lieu de le condamner il fit enlever ses liens, le laissa prisonnier sur parole et n'exigea que deux choses : la première qu'il passât tous les jours une heure avec un religieux qu'il chargeait du prisonnier ; la seconde que le bandit vînt matin et soir faire au Président lui-même une petite visite. L'on peut juger de l'étonnement du coupable ! comme il avait au cœur quelques restes de nobles sentiments, gagné par la reconnaissance et tout ému du zèle de Garcia Moreno qui ne faisait appel qu'à son honneur et à sa foi, il manifesta bientôt les meilleures dispositions ; le Président le nomma alors chef de la police, lui disant : « Amenez-moi maintenant

vos anciens camarades, nous les remettrons aux mains de l'aumônier et du directeur afin qu'ils deviennent des *honnêtes gens comme vous.* »
Avec le zèle si ferme, si intelligent de ce grand homme, la sécurité remplaçait partout la plaie du brigandage.

Il sera peut-être intéressant de placer ici les observations envoyées à l'empereur Théodoric par son ministre Boèce l'un des plus grands hommes d'État qui aient jamais existé. Il écrivait à l'Empereur que « le pouvoir s'affermirait à mesure que la vertu serait récompensée et encouragée... que le plus essentiel des devoirs de celui qui gouverne est de le faire avec bonté mais aussi avec force et sagesse ; que s'il le remplit fidèlement, il ne doit donner les places qu'au mérite. Il doit faire observer les lois et punir les transgresseurs. Le sage et vertueux homme d'État insiste sur ce sujet : que la justice est le fondement du pouvoir et la sûreté du peuple ; qu'elle doit contenir dans le devoir les hommes pervers, et bannir tous les crimes qui troublent le repos de la société. Il vint à bout de faire diminuer les impôts et de persuader Théodoric de ménager les finances avec une sage économie. Sans cette économie, disait-il, l'État est méprisé au dehors, faible au dedans et malheureux de tous côtés ; le peuple ne saurait vivre, le soldat est insolent, le pouvoir manque de secours, ce n'est partout que misère et confusion. »

Les bases solides d'un bon gouvernement sont

donc partout dans tous les siècles et pour tous les peuples la religion, la vertu et la justice.

Mission du Napo.

La province orientale de l'Équateur située entre la seconde chaîne des Andes et la frontière du Brésil, comprend l'immense plaine du *Napo* habitée par 200,000 Indiens indigènes, doux et simples, ou farouches et guerriers.

Le pays favorise ces instincts. Les peuplades sont échelonnées sur les bords du Napo, du Marañon et des rivières qui grossissent l'Amazone.

Avant de les atteindre, il faut souvent traverser les immenses forêts vierges de ce territoire. Rien de plus saisissant que l'aspect de ces forêts vierges que la hache du colon n'a jamais touchées.

« Qu'on se figure d'immenses dômes de verdure soutenus par des milliers de colonnes grisâtres taillées par la main d'un Titan ! Cette vigoureuse charpente est comme perdue dans un fouillis de végétation où la fleur, la tige et la feuille semblent lutter d'audace et de caprice ; d'épais faisceaux de lianes relient tous ces troncs robustes de leurs spirales sans fin. Arrivées au sommet des arbres, elles courent de branche en branche, puis retombent en cascades, pour reprendre racine et recommencer leur course aérienne.

« Sous cet océan de plantes et de ténèbres s'agite un monde d'oiseaux, de reptiles, d'insectes, qui effraient l'imagination par la délicatesse de leurs formes, et dont l'éclat le dispute aux couleurs de l'arc-en-ciel. Tout ce petit monde ronge, creuse, piaille, butine, gambade, sans nul souci du chasseur, sans préoccupation d'hiver : son souffle glacial est inconnu de ces tièdes régions. Il semble que la nature tienne à sa disposition de merveilleuses forces créatrices, que les sucs de la terre ne comptent pour rien dans les proportions qu'atteint la sève. J'ai vu des palmiers d'une puissance extraordinaire s'élancer d'un bloc de granit. Cramponnés au roc par leurs racines qui le mordaient et l'étreignaient de leurs fibres noueuses, ils s'élevaient à des hauteurs inconnues, comme pour aller chercher dans le ciel la nourriture qu'ils ne pouvaient trouver dans les fissures du sol ; mais ils aspiraient par tous les pores de leur immense surface les trois grands principes de la vie végétale : l'eau, l'air et le soleil.

« La première impression que l'on éprouve en pénétrant dans ces sombres labyrinthes est un mélange indéfinissable d'étonnement et de terreur religieuse... C'est cette feuillée aux fleurs suaves qui cache le serpent ; c'est du pied de ce tronc que le tigre et le caïman guettent leur proie. Si, dédaignant ces obstacles, le voyageur veut affronter le mur de verdure qui se dresse devant lui, il se voit aussitôt enlacé dans un réseau inextricable d'herbes, de plantes et d'herbages. Ses mains s'embarrassent, ses pieds cherchent en vain un point d'appui. Des épines acérées déchirent ses membres, les lianes fouettent son visage, l'obscurité vient ajouter à ses embarras. En un instant, il est recouvert de milliers d'œufs de chenille, d'insectes, de parasites de toute sorte, qui traversant ses habits, vont s'implanter dans ses chairs et s'y repaître de son sang. Sa frayeur redouble. De sourds murmures grondent au-dessus de sa tête... Une voix intérieure lui révèle alors des harmonies nouvelles, son âme s'ouvre à des hauteurs inconnues jusqu'à Dieu le tout-puissant créateur qui se joue dans les merveilles de l'univers : *ludens in orbem terrarum*...... Les prodiges de la civilisation ne lui apparaissent plus que comme un songe mesquin au milieu de cette immense nature qui lui donne l'infini pour horizon (1). » (Extrait d'Adolphe Dassier.)

(1) Les eaux marécageuses des *llanos* sont remplies d'*anguilles électriques*, dont le corps gluant, parsemé de taches jaunâtres, envoie de toutes parts et spontanément une commotion violente. Ces gymnotes ont cinq à six pieds de long ; ils sont assez forts pour tuer les animaux les plus robustes, lorsqu'ils font agir à la fois et dans une direction convenable leurs organes, armés d'un appareil de nerfs multipliés. A Uritricu on a été obligé de changer le chemin de la steppe, parce que le nombre de ces anguilles s'était tellement accru dans une petite rivière que tous les ans beaucoup de chevaux, frappés d'engourdissement, se noyaient en la passant à gué. Tous les poissons fuient l'approche de cette redoutable anguille. Elle surprend même l'homme qui, placé sur le haut du rivage, pêche à l'hameçon ; la ligne mouillée lui communique souvent la commotion fatale. Ici, le feu électrique se dégage même du fond des eaux.

La pêche des gymnotes procure un spectacle pittoresque. Dans un marais que les Indiens enceignent étroitement, on fait courir des mulets et des chevaux, jusqu'à ce que le bruit extraordinaire excité à l'attaque ces poissons courageux. On les voit nager

Les Espagnols conquérants et leurs successeurs n'ont pas franchi les Andes ; on ne trouve dans cette partie du Nouveau-Monde que la trace des chercheurs d'or et des zélés missionnaires.

La relation des voyages apostoliques de saint Turibe (1), premier évêque du Pérou, peut donner une idée des travaux presque incroyables qu'il entreprit, dans une contrée qui n'était pas alors divisée en Etats divers ; il est donc à peu près certain qu'il visita une grande partie de l'Equateur.

comme des serpents sur la superficie des eaux, et se presser adroitement sous le ventre des chevaux. Plusieurs de ceux-ci succombent à la violence des coups invisibles ; d'autres, haletants, la crinière hérissée, les yeux hagards, étincelants et exprimant l'angoisse, cherchent à éviter l'orage qui les menace ; mais les Indiens, armés de longs bambous, les repoussent au milieu de l'eau.

Peu à peu l'impétuosité de ce combat inégal diminue. Les gymnotes fatigués se dispersent, comme des nuées chargées d'électricité ; ils ont besoin d'un long repos et d'une nourriture abondante pour réparer ce qu'ils ont dissipé de force galvanique. Leurs coups de plus en plus faibles donnent des commotions moins sensibles. Effrayés par le bruit du piétinement des chevaux, ils s'approchent craintifs du bord du marais ; là on les frappe avec des harpons ; puis on les entraîne dans la steppe, au moyen de bâtons secs et non conducteurs du fluide. (De Humboldt.)

(1) Saint Turibe fut nommé archevêque de Lima en 1581, dans la quarante-troisième année de son âge. Ce diocèse comprenait, sous une étendue de cent trente lieues de côtes, une multitude de villes, de villages et de hameaux dispersés sur la double chaîne des Andes. Immédiatement le saint archevêque commençait à parcourir son vaste diocèse, au prix de fatigues et de dangers inouïs. A trois reprises différentes, il visita tout le troupeau confié à ses soins ; le premier de ses voyages dura sept ans, le second et le troisième cinq années entières ; la conversion d'un nombre incalculable de païens récompensa son zèle ; il confirma

Nous trouvons dès le xvie siècle les Jésuites appelés par l'évêque de Quito à son grand séminaire.

Dans les premières années du xviie, saint François de Borgia accordait à son neveu, le comte de Lemos, gouverneur de Lima, plusieurs Jésuites missionnaires, désignant surtout à leur zèle la conversion des peuplades du Marañon.

Le premier soin de ces fidèles enfants de saint Ignace fut d'établir sur la rive gauche du fleuve (au Nord) les Réductions de Lorette, de la Conception. Six autres centres de réunion, dont Borgia était comme la capitale, comptaient soixante-quatorze peuplades.

En Amérique, aussi bien qu'en Asie et en Afrique, la Compagnie ne reculait devant aucun péril ; et forte de ses avantages passés, ou de ses revers qui étaient encore pour elle des succès, elle jetait de nouveaux missionnaires à de nouveaux continents : ils se multipliaient dans les deux Amériques.

Le Mexique et le Brésil étaient depuis long-

---

plus d'un million d'hommes, prêchant aux Indiens comme aux Espagnols, dans la langue propre à chaque tribu. On le voyait parcourir sans crainte d'affreuses solitudes habitées par les lions et les tigres, gravir les pics les plus inaccessibles pour y rencontrer les Indiens, ne se laissant arrêter ni par les fleuves, ni par la privation de la nourriture et du logement ; il avait fait plus de sept mille lieues, le plus souvent à pied, lorsqu'il fut appelé au repos éternel, à Santa, à cent dix lieues de Lima. C'est dans l'exercice même de son zèle apostolique que saint Turibe succomba le 23 mars 1606, méritant le nom glorieux du *Xavier de l'Amérique*. (T. III, p. 609. Petits Bollandistes.)

temps ouverts à leurs ambitieux désirs d'affranchissement chrétien ; ils avaient partout des dangers à braver, des supplices à endurer : ce n'était pas assez pour leur enthousiasme, ils voulaient porter la croix jusqu'aux dernières limites des terres les plus ignorées.

Le 30 avril 1643, quinze nouveaux missionnaires s'embarquent à Lisbonne pour le Marañon ; le vaisseau qui les porte sombre en vue du port, douze sont engloutis ; cette perte ne ralentit pas les travaux de ceux qui instruisaient les sauvages du fleuve des Amazones.

Pendant ce temps-là, d'autres fondaient un collège à Santa-Fé de Bogota, d'où ils couraient à la recherche des naturels, réduisant leurs différents idiomes à une langue dont ils composaient le dictionnaire ; d'autres encore arrivaient à Caracas pour s'enfoncer dans les terres.

« Dans le principe, l'aspect des Européens, celui même des missionnaires, produisait sur les naturels une impression de frayeur qu'ils traduisaient par des cris inarticulés ; ils prenaient la fuite et se cachaient dans les cavernes inaccessibles. Peu à peu, les Jésuites, sans autre boussole que leur zèle, sans autre équipage que l'espérance de sauver les âmes, n'ayant pour abri que les arbres des forêts, que les fruits et les racines pour nourriture se lançaient à travers les plaines et les bois (1). Avant de rencontrer les Indiens, ils

---

(1) *Histoire de la Nouvelle Grenade*, Giuseppe Cassani.

avaient à braver les lions et les autres animaux féroces ; plusieurs missionnaires disparurent sous la dent des bêtes, d'autres dévorés par les serpents. Enfin, il leur fut donné d'atteindre les sauvages ; ils leur offraient les étoffes et les verroteries d'Europe, promettaient de vivre avec eux, de les défendre et de leur donner le bonheur par la foi. Les indigènes, vaincus par la charité, acceptaient le joug de Dieu qui les délivrait du joug des hommes ; et les religieux fondaient les *Réductions*. »

« Les missionnaires, écrit Buffon (1), ont formé plus d'hommes dans les nations barbares que n'en ont détruit les armées victorieuses des princes qui les ont subjuguées..., rien n'a plus fait d'honneur à la religion que d'avoir civilisé ces nations et jeté les fondements d'un empire, sans autres armes que celles de la vertu. »

« C'est dans le Nouveau-Monde, proclame à son tour l'historien protestant Robertson, que les Jésuites ont exercé leurs talents avec le plus d'éclat et de la manière la plus utile au bonheur de l'espèce humaine. Les Jésuites seuls s'y sont établis dans des vues d'humanité. »

Escortés des plus anciens néophytes, ils s'élançaient à travers les plaines, sous un soleil brûlant ou sous une pluie incessante, passant les fleuves à la nage ou gravissant les rocs escarpés. Pour se frayer une route, il fallait abattre les bois ; souvent les guides désertaient, abandonnant celui qui se

---

(1). Buffon : *Histoire naturelle*, t. xx, p. 282.

Réductions.
Types d'Indiens du Napo.

dévouait pour eux... Mais lorsque le missionnaire brisé de fatigue, couvert d'ulcères que la piqûre des moucherons envenimait à chaque pas, avait enfin rencontré quelques sauvages déserteurs, il les ramenait au bercail et oubliait ses maux.

Voltaire lui-même, dans son *Histoire des Indes*, n'a pas pu cacher son étonnement des prodiges opérés par les Jésuites dans les *réductions* du Nouveau-Monde. « Lorsqu'en 1768, écrit-il, les missions du Paraguay, par exemple, sortirent des mains des Jésuites, elles étaient arrivées à un point de civilisation le plus grand peut-être où l'on puisse conduire les nations nouvelles, et certainement fort supérieur à tout ce qui existait dans le reste du nouvel hémisphère. On y observait les lois, il y régnait une police exacte, les mœurs y étaient pures, une heureuse fraternité y unissait les cœurs, tous les arts de nécessité y étaient perfectionnés, et on y en connaissait quelques-uns d'agréables : l'abondance y était universelle. »

Ces Indiens sauvages avaient une intelligence bornée ; ils ne comprenaient que ce qui tombait sous leurs sens ; les Jésuites se mirent à leur portée, ils les guidaient par degré.... Ayant remarqué que les Indiens avaient une sorte de talent pour reproduire ce qu'ils admiraient, ils les amenèrent à imiter parfaitement les objets qu'on leur proposait pour modèles. Lorsque, naviguant sur les fleuves, les Pères chantaient les louanges de Dieu, les sauvages suivaient les pirogues avec des gestes enthousiastes et cherchaient à retenir les chants ;

peu à peu les Jésuites composèrent des cantiques, arrivèrent à expliquer le sens des paroles, et les rives des fleuves bordées de villages indiens retentirent de la plus douce harmonie. Bientôt chaque néophyte put choisir un métier ; à la tête des ateliers on plaçait un frère coadjuteur ; il y eut des serruriers, des tisserands, des charpentiers, des maçons, des forgerons, même des peintres, des sculpteurs et des horlogers, dans ces heureux villages ; et les Pères voyant que l'agriculture souriait moins aux indigènes, se mirent eux-mêmes à labourer, à ensemencer et à récolter.

A mesure que les familles se formaient, que les idées d'ordre et d'économie prenaient de l'accroissement, on donnait à chaque groupe une terre en propriété ; puis une portion du territoire nommée *possession de Dieu* était réservée à subvenir aux besoins des pauvres, des malades, des veuves et des orphelins (1).

Les établissements étaient tous florissants ; les 200,000 Indiens que l'on avait rassemblés à force de travail et de dévouement, promettaient une ample moisson et la contrée se civilisait peu à peu, lorsque parut en 1767 l'édit de Charles III qui ordonnait, sous peine de mort, d'arrêter en un même jour, de saisir et d'embarquer de force tous les religieux, tant en Espagne que dans les colonies.

La vengeance divine ne se fit pas attendre : cin-

---

(1) Voir pour plus amples détails les plus curieuses narrations dans les tomes III et V de Crétineau-Joly : *Histoire de la Compagnie de Jésus.*

quante ans plus tard, les rois de la catholique Espagne avaient perdu *le plus beau joyau de la couronne*, leurs immenses colonies d'Amérique.

En 1862 Garcia Moreno rappelait les Jésuites à l'Équateur dont il était devenu le Président ; mais les Indiens, victimes des aventuriers, abandonnés à eux-mêmes, avaient regagné les bois : ils étaient redevenus sauvages. Douze missionnaires s'établirent d'abord dans les chefs-lieux des districts de Macas, Napo, Gualaquiza et Archidona, avec l'espoir d'avancer dans l'intérieur à mesure que les Réductions se reformeraient.

Les Indiens de ces parages tirent leurs ressources du caoutchouc et du cacao, qu'ils vendent aux commerçants qui remontent l'Amazone et le Marañon pour acheter ces produits (1).

Les missionnaires soutenaient les pauvres Indiens dans leur travail et parvenaient à les grouper par village, lorsque les insurgés de 1864, Maldonado et ses complices, firent irruption dans le Napo, traînèrent avec eux au Pérou les religieux enchaînés et accablés d'outrages, pendant que les sauvages donnaient les marques d'une véritable désolation, suivaient les canots à la nage, solici-

(1) Les Indiens construisent avec une remarquable industrie de larges et grands canots, avec lesquels ils descendent les affluents du Marañon et de l'Amazone ; ils entrelacent de fortes lianes avec des osiers et enduisent leurs embarcations d'une épaisse couche de caoutchouc qui les rend absolument impénétrables à l'eau. Puis ils garantissent une moitié du canot avec une sorte de couverture cintrée en feuilles de palmier imbriquées ; on n'a rien à craindre sous cet abri, des pluies torrentielles du climat.

taient des Jésuites une dernière bénédiction et ne craignaient pas de les encourager en présence de leurs oppresseurs. « On se demande quels étaient les *sauvages*, de ces Indiens à demi-vêtus qui pleuraient leurs bienfaiteurs, ou de ces civilisés qui les leur enlevaient en haine du nom de Jésus-Christ. »

Aussitôt que Garcia Moreno eut été réélu, il reprit avec un nouveau zèle l'œuvre du Marañon ; il délégua au Vicaire apostolique toute autorité dans les villes, donna aux missionnaires le droit d'établir un gouverneur, de maintenir l'ordre et la justice dans tous les centres ; il obligeait à fonder partout des écoles, et défendait absolument la vente à crédit, cause de ruine pour les Indiens, dont les marchands abusaient indignement ; enfin il plaçait une garnison sous les ordres des missionnaires et expulsait les blancs qui mettaient obstacle à leur zèle.

Le charitable Président estimait l'âme des Indiens au même prix que celle des favorisés de ce monde ; en 1875, il venait de promettre sa visite aux Réductions et projetait de s'enquérir par lui-même des besoins de la population qui lui était chère, lorsqu'il fut assassiné par un ancien gouverneur du Napo, destitué par lui à cause de ses exactions et de ses cruautés envers les Indiens. Huit années encore les malheureuses peuplades souffrirent persécution, la paix ne leur fut rendue ainsi qu'à l'Équateur qu'en 1883. Les missionnaires durent concentrer d'abord leurs efforts sur

Archidona; quatorze centres de population chrétienne existent aujourd'hui dans la province du *Napo*.

Les tribus Indiennes n'étaient pas seules abandonnées ; l'immense étendue des états en Amérique est un obstacle matériel, que Garcia Moreno avait aplani en obtenant du Souverain Pontife plusieurs évêchés ; lui-même doubla le nombre des prêtres, leur assura le traitement suffisant pour les obliger à laisser tout autre soin que celui des âmes ; il reconnut que pour stimuler leur ardeur, pour appuyer leur zèle dans les paroisses où ils n'étaient pas connus, il fallait adjoindre les religieux du Très-Saint Rédempteur, fondés par saint Liguori et dont le nom remet sans cesse en mémoire la plus sublime des vocations : celle de racheter le monde au péril de leur propre vie ! De Cuença et de Riobamba, les missionnaires devaient parcourir les campagnes, pénétrer dans les bois, gravir les roches inaccessibles, se mettre à la poursuite des brebis perdues; enfin parvenir partout où un homme était parvenu. Touchés de tant de zèle les peuples accouraient aux missionnaires, ils ne regardaient ni au voyage, ni à la fatigue ; là où l'on se rencontrait, on élevait une tente de lianes entrelacées, et pendant quinze jours on instruisait hommes, femmes et enfants; on baptisait, on administrait les sacrements, les foules revenaient régénérées à leur demeure.

La capitale de l'Équateur demandait à son tour les exercices d'une mission. C'est en 1873 que les

Rédemptoristes eurent le bonheur de recueillir à Quito la plus abondante moisson. L'exemple du pieux Président donnait un puissant essor au mou-

vement de retour, il assistait à tous les exercices entouré du parlement, des magistrats et des officiers de l'armée. Comme il est d'usage, le dernier

Le Président porte la Croix de mission.

jour devait être consacré à la procession solennelle qui précède la plantation d'une croix commémorative. « L'Empereur Héraclius tint à honneur de porter sur ses épaules le bois sacré de la Vraie Croix ; j'espère, dit en terminant le prédicateur, que tous vous enviez son sort ; et que les hommes s'empresseront de transporter solennellement le signe auguste de notre Rédemption. » Aussitôt la foule émue et saintement enthousiasmée, vit son illustre chef, revêtu de toutes les marques de sa dignité et dans le grand costume de Président s'approcher de la Croix ; et porter à la tête de son peuple la lourde charge, dont il permit à peine à ses ministres de le décharger en partie pendant le long parcours. « Dieu nous bénit, écrivait-il ensuite à un intime, le pays prospère véritablement. Partout se manifeste la réforme des mœurs, grâce à tous les religieux qui aident nos bons prêtres, eux-mêmes pleins de zèle... D'autre part, le progrès matériel est non moins admirable ; on dirait vraiment que Dieu nous soulève de sa main, comme fait une tendre mère pour son enfant quand elle l'aide à essayer ses premiers pas. »

CHAPITRE XIII

**Routes. — Administration. — Armée.
Magistrature. — Instruction publique.**

Ces progrès matériels, étaient dus encore à l'infatigable Président, toujours préoccupé du plus grand bien de son peuple comme de la plus grande gloire de Dieu. Le commerce, l'agriculture et l'industrie ne prospéraient pas à l'Équateur, à raison surtout de la difficulté des communications et de l'absence de chemins qui rendait impossible les transports et les échanges... Un voyageur anglais interrogé sur la *route* qu'il avait prise pour aller à Quito avait pu répondre : « Il s'agit bien de route dans ce pays là ! » Indiquer un tracé à travers les précipices, les pics neigeux des Andes, les sentiers, les vallées et les torrents qui deviennent tout à coup des fleuves, avait toujours paru un problème insoluble ; les habitants de l'Équateur entendaient parler de diligences et de chemins de fer, sans concevoir qu'ils pussent jamais traverser leur pays autrement qu'à pied ou à dos de mulet. Un courrier parcourait chaque semaine la distance de Quito à Guayaquil bravant de réels dangers ; et dans la saison des pluies toute communication devait cesser à l'intérieur ; par sa position unique, Guayaquil était seule en relations avec l'Europe. Aussi le commerce d'échanges n'atteignait pas deux millions de piastres, et le principal objet d'exportation, le cacao, se vendait à peine ; encore n'existait-il à l'Equateur ni banques, ni établissements de crédit et les valeurs dormaient improductives.

Garcia Moreno fit appel à la science de Sébastien Wyse qui l'avait autrefois guidé dans l'exploration du Pichincha ; l'habile ingénieur étudia soigneusement les sentiers, et reconnut qu'il était possible, moyennant quatre cents aqueducs et cent ponts, de relier Quito à Sibamba, deux points extrêmes du plateau de la Cordillère. De Sibamba les voyageurs avaient l'habitude de continuer à la même élévation, la traversée longue et dangereuse des fentes, des vallées, des ravins et des pics neigeux qui se succèdent les uns aux autres. Cette seconde partie de la route était la plus difficile, il fallait chercher une altitude moindre, éviter par là une partie des travaux de remblai ; dans un premier tracé, l'ingénieur chargé de l'exécution se trompa de direction dans les forêts, il fallut recommencer ; rien ne décourageait la constance du Président.

Enfin la troisième section de la route devait suivre le fleuve depuis Milagro jusqu'à Guayaquil et parcourir quarante kilomètres dans un terrain bas et marécageux : on put y établir un chemin de fer pour faciliter les travaux.

Une entreprise si magnifique et dont les résultats devaient assurer la richesse du pays, était envisagée avec défiance. Le peuple n'espérait pas que l'on pût jamais réussir, les jaloux traitaient Garcia Moreno de rêveur et d'halluciné, les propriétaires lui contestèrent le droit d'expropriation et prétendirent s'opposer à la route qui traversait les haciendas. Le Président laissa dire :

— « Combien estimez-vous votre ferme ? demandait-il à l'un des récalcitrants.

— « Cinq cent mille piastres.

— « Je vous la paie comptant ; mais dans la valeur que vous déclarez aux contributions, vous l'avez estimée seulement cinquante mille... c'est donc depuis trente ans une somme considérable dont vous privez le trésor ; vous en paierez préalablement les intérêts, après quoi le ministre des finances vous achètera votre ferme. »

— « Vous me passerez sur le corps avant de commencer la route sur mes terres, lui dit un autre.

— « On passera sur votre corps s'il le faut, mon cher ami, mais la route ne variera pas d'une ligne. »

Enfin, les ingénieurs trouvés, il fallait embrigader les ouvriers de toute sorte et les engager pour dix ans ; il fallait recourir à leur bonne volonté dans l'exécution de travaux longs, pénibles, difficiles, et pour cela vaincre la paresse naturelle aux habitants de ces contrées ; Garcia Moreno avait tout prévu.

Des milliers d'hommes divisés en escouades, chacune accompagnée d'un prêtre et d'un médecin, défrichaient les bois, construisaient les ponts et les aqueducs après avoir détourné les eaux, déblayé, ou remblayé le terrain, abattu les rochers ; tous recevaient chaque dimanche le salaire de la semaine, ils se reposaient après avoir assisté à la messe, et bientôt la population ambulante des travailleurs se reconnaissait heureuse et prospère.

La route commencée en 1862 était presque terminée en 1872, sans que Garcia Moreno eût permis aucun emprunt usuraire, « préférant, disait-il, achever lentement, suivant que le permettraient la protection divine et les revenus de l'Etat. » Un télégraphe électrique avait été établi sur tout le parcours ; enfin, le 23 avril 1873, deux diligences, la *Sangai* et la ***Tunguragua,*** étaient alignées sur la grande place de Quito ornée de guirlandes et de trophées. Une foule immense encombrait les rues, et lorsque l'archevêque ayant bénit les voitures, le Président et ses ministres y montèrent pour inaugurer le service des transports, les acclamations prolongées célébrèrent le génie, le dévouement, la persévérance de Garcia le Grand.

Plusieurs autres routes avaient été commencées au Nord et au Sud ; l'une devait relier Quito à la baie de Caraques où le Président voulait creuser un port. La seconde se dirigeait au Nord vers Esmeraldas dont il désirait faire un troisième port, et bifurquait sur Ibarra. Ce tronçon était réputé impossible depuis trois siècles, aussi Garcia Moreno se rendit en personne près des ouvriers pour stimuler leur ardeur. Deux autres voies passant par Cuença et Loja devaient également aboutir à deux petits ports, et faciliter les relations de toute

Bénédiction des premières diligences.

la république de l'Equateur avec les Etats européens ou américains. Une première section de chemin de fer se préparait quand le crime de 1875 « assassina la République, » suivant la parole du peuple même ; les travaux furent abandonnés et la grande route inachevée n'atteignit pas le chemin de fer de Yaguachi à Guayaquil.

Et cependant le port que nous avons vu comme obstrué à marée basse et à l'entrée de l'Estero

Salado, était devenu abordable par les travaux qu'on y avait exécutés ; au prix de grands efforts, des dragueurs puissants avaient élargi l'embouchure du Guayas ; des phares nombreux et élevés étaient échelonnés sur les côtes ; enfin la capitale elle-même, Quito changeait de face.

Cette ville de 80,000 âmes n'avait pas de voies carrossables ; toutes les maisons s'élevaient sur les pentes du Pichincha et comme les unes sur les autres ; aux premiers jours de sa présidence, Garcia Moreno résolut de niveler autant que possible les rues de la ville ; il fit déblayer le terrain sur la hauteur, il réussit à exhausser solidement la partie basse de la cité, et bientôt les voitures parcouraient de larges rues pavées et bordées de trottoirs. La grande place (plaza Mayor), entourée de beaux édifices restaurés ou nouvellement construits, était ornée de fleurs avec une fontaine jaillissante ; enfin, depuis la réforme des lois et des mœurs jusqu'aux embellissements de luxe, rien n'était épargné par le Président pour la prospérité de l'Etat dont il rêvait la gloire.

Ces travaux immenses absorbaient des sommes considérables, et déjà la dette énorme laissée par Bolivar s'était augmentée dans les bouleversements continuels jusqu'à sept millions de piastres ; cependant Garcia Moreno, avant de mourir, pourra dire « que la dette extérieure était éteinte, que le déficit intérieur allait également disparaître ; » il avait néanmoins augmenté d'un tiers les honoraires de tous les employés, aboli les impôts

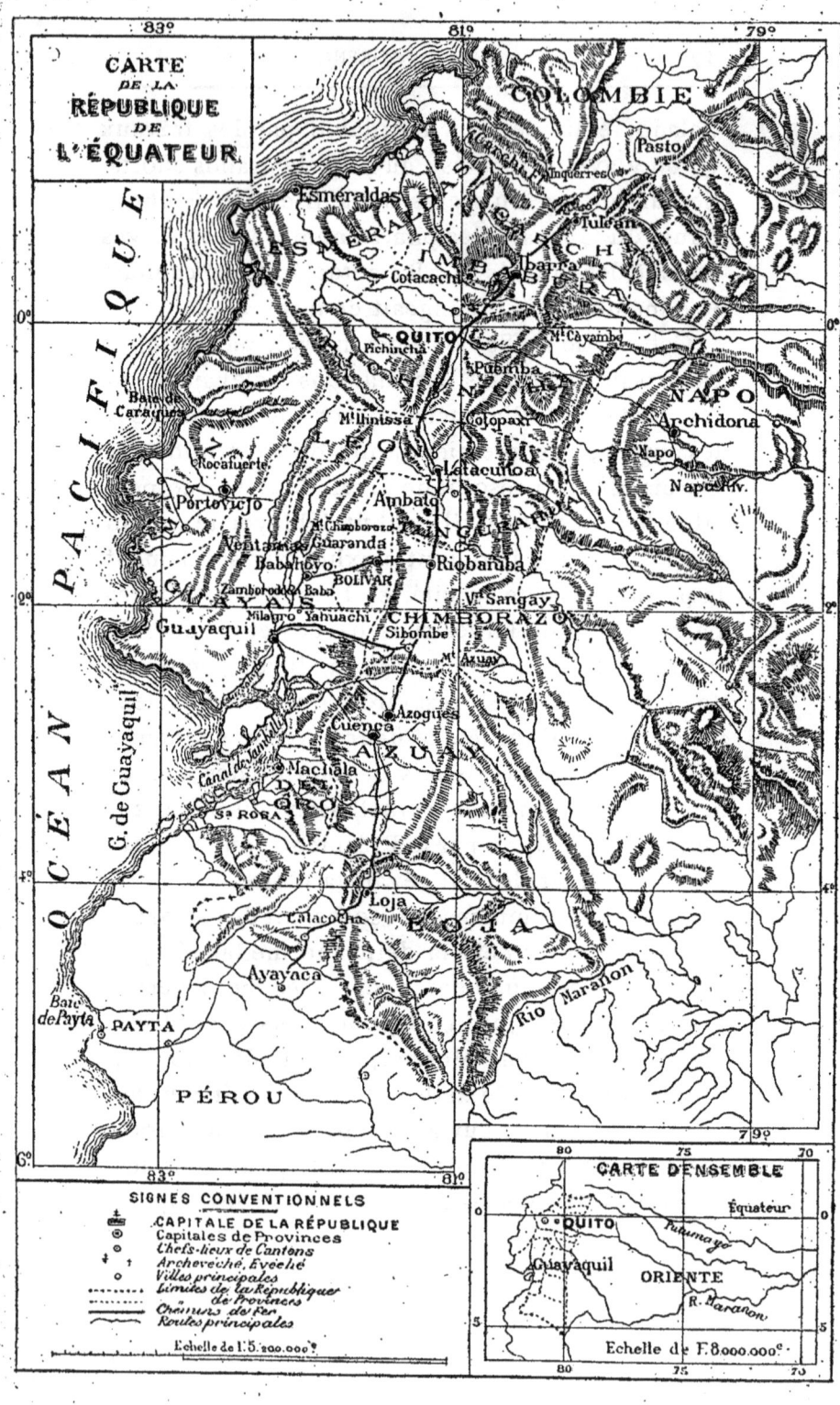

sur les revenus pour les services de solde éventuelle, et l'impôt des successions héréditaires ; il proposait de réduire de moitié plusieurs droits et taxes. « Les révolutions coûtent cher ; » en fermant l'ère des révolutions, Garcia Moreno avait rétabli l'ordre dans les finances.

« Faites-moi de la bonne politique, et je vous ferai de bonnes finances, » a dit un homme d'Etat ; Garcia Moreno traduisait la même pensée plus chrétiennement par la parole de Notre Seigneur : « Cherchez le royaume de Dieu et sa justice, et le reste (c'est-à-dire la prospérité matérielle) vous sera donné par surcroît. »

Nous avons dit comment il surveillait jusqu'aux moindres détails de la balance du budget ; à l'économie, à la bonne administration se joignirent le travail et la facilité des échanges par l'exécution des routes ; après trois années de présidence, Garcia Moreno avait doublé les rentes de l'Etat ; et l'excédent de 1872 était égal au revenu de 1868.

Justice lui a été rendue sur ce point par ses ennemis même ; en effet, une *Histoire de l'Amérique du Sud*, publiée en 1878 par un homme décidé à blâmer tout ce qui se nomme catholique, après avoir défendu à outrance les idées révolutionnaires et traité Garcia Moreno « de fanatique, de justicier sévère et de dictateur ambitieux, » est amené à reconnaître que *cependant* « durant cette dictature l'Etat a vu se réaliser d'importants progrès. A la mort de Garcia Moreno, les revenus du trésor s'élevaient à trois millions de piastres... L'Equateur a développé son commerce, multiplié ses voies de communication, (il aurait fallu dire qu'elles ont été *créées*) et par des ponts sans nombre relié les montagnes au-dessus des abîmes. Ni les dissensions intestines, ni le désordre antérieur des finances, ni le tremblement de terre de 1868, n'ont pu ralentir les progrès économiques qui feront bientôt de cette République l'Etat le plus prospère du continent Sud-Américain. »

Toutefois ces améliorations, quelque importantes qu'elles fussent pour la prospérité de l'Equateur, ne venaient qu'en seconde ligne dans la réforme sociale entreprise par le chef de l'Etat chrétien. Il l'avait appuyée sur la religion, il voulait mettre l'armée en état de la défendre. Prêtres et soldats doivent presque également être disposés à sacrifier tout ce qu'ils ont, tout ce qu'ils sont, au profit de la chose publique, au salut et au bien de leurs compatriotes.

Le premier essai de moralisation de l'armée avait échoué en partie, le mode de recrutement était détestable ; on acceptait les dispenses sans aucune raison ; on enrôlait de force ceux qui ne pouvaient pas payer. Garcia Moreno, après avoir réduit l'effectif des troupes en temps de paix, préparait pour le cas de guerre une milice exercée ; il exigeait que les officiers fussent aussi instruits que possible, dans une école militaire qu'il fondait sur le modèle des écoles européennes les plus en renom ; les soldats devaient donner l'exemple de la moralité et de la discipline, et les grades n'étaient accordés qu'au vrai mérite.

Les armes nouvelles et les plus parfaitement exactes furent expédiées pour l'Équateur des meilleures fabriques connues ; les officiers de ce petit État envoyés à grands frais dans les armées européennes, pour étudier les manœuvres et les tactiques modernes, et la petite armée le disputa bientôt à celles des grandes puissances.

L'aumônerie militaire instituée par le Souverain Pontife et placée sous la juridiction des évêques, faisait aux prêtres une obligation de donner aux soldats l'instruction religieuse, de les préparer aux sacrements, de leur en faciliter la fréquentation. Une retraite, qu'ils étaient libres de suivre, fut, dès la première année, acceptée avec tant de plaisir par ces braves gens, que la plus grande partie des régiments se firent remarquer dès lors par la fidélité au devoir militaire comme aux exercices de la piété.

Des cours de science profane, ouverts aux soldats, les détournaient du cabaret et des mauvaises fréquentations. Non seulement l'honneur, mais la délicatesse la plus excessive devint l'apanage des troupes de l'Équateur. Dans une ronde de nuit, un homme d'un grade inférieur ayant trouvé un paquet de billets de banque, le fit remettre au Président. C'était toute la fortune d'un négociant étranger ; en retrouvant ce trésor, il offrit au soldat une gratification proportionnée ; il ne consentit jamais à la recevoir et répondait simplement : « Je n'ai fait que mon devoir, et mon honneur me défend d'en accepter la récompense. »

Garcia Moreno envoyait le jour même au sous-lieutenant le brevet de capitaine.

La magistrature est avec l'armée un des appuis nécessaires à tout bon gouvernement. La plupart des lois entachées des erreurs de l'esprit moderne étaient incomplètes et insuffisantes ; sous l'empire d'une compassion mal fondée, les jurys ne prononçaient jamais la peine de mort ; la colère, la crainte, la disposition même du caractère des coupables, étaient à leurs yeux autant de circonstances atténuantes ; nous avons vu que, dans les révolutions les plus criminelles, les juges en étaient venus à l'acquittement des révoltés, prétextant que les « tentatives n'avaient pas été suivies d'effets. » Maintes fois les tribunaux vendaient leurs sentences et les plus éhontés scélérats se tenaient rassurés, moyennant quelques piastres. Le Président exigea que les magistrats, après avoir étudié les lois et suivi les cours pendant une période fixe, fussent examinés avec soin ; il déclara que pour rendre bonne justice il fallait connaître avant tout la loi de Dieu, base de toute législation véritable. « Et comme il n'y a pas de liberté où il n'y a pas de justice, prenez, disait-il, les moyens de prévenir les abus, ou réprimez-les par des châtiments sévères. » Lui-même avait soin de surveiller les avocats, il punissait ceux qui osaient entreprendre de défendre une cause notoirement mauvaise, et refusait impitoyablement l'admission des incapables ou des indignes.

« Le magistrat doit être irréprochable ; » avant de rendre la justice il faut soi-même être juste. Garcia Moreno ne voulait pas que les hommes du barreau donnassent la moindre prise à la calomnie. Apprenant qu'un de ses amis exposait sa réputation par des démarches imprudentes, il le manda près de lui. « Il y a, dit-il, un magistrat que j'estime et que j'aime, mais dont la conduite semble autoriser les jugements défavorables qui circulent ; parlez-moi donc franchement : pensez-vous que je puisse me taire ou croyez-vous que mon devoir m'oblige à l'avertir. »

Sans hésiter un instant, le magistrat répond « qu'un chef d'Etat doit en conscience réprimer le mal partout où il le rencontre, et qu'il est responsable de ses subordonnés. »

C'était là qu'en voulait venir Garcia Moreno. « Ce coupable, mon cher ami, ajoutait-il avec bonté, cet ami que je dois avertir, c'est vous-même. » Puis énumérant tous les propos qui circulaient, il amena le juge à se condamner lui-même, à réformer sa conduite et à réparer l'exemple funeste qu'il avait donné.

L'ignorance est une source d'immoralité et de maux de tout genre ; l'instruction mal dirigée est pire encore, c'est une école de vices, un abîme de dégradation. « Je préfèrerais mille fois, disait le Président, laisser l'enfant dans l'ignorance plutôt que de lui apprendre à vivre sans Dieu. Si les collèges sont bons, s'ils offrent toutes les garanties désirables de progrès et de moralité, il ne faut pas regarder à la dépense pour les multiplier ; s'ils sont mauvais, mieux vaut n'en pas avoir ; car la plus terrible calamité pour une nation, c'est de voir la jeunesse perdre ses meilleures années dans l'oisiveté ou ne se meubler l'esprit que de notions incomplètes, inutiles et fausses. » Quintilien a écrit : « Si les écoles en donnant l'instruction devaient corrompre les mœurs, je n'hésite pas à dire qu'il faudrait préférer la vertu au savoir. » Aux yeux de Garcia Moreno le mal social de nos temps était l'affaissement des caractères ; « je craindrais bien disait-il, qu'une persécution trouvât chez nous peu de martyrs... Le mal du siècle est de ne plus savoir dire *non*. » Aussi dès son entrée au pouvoir, le Président réclama du Congrès l'autorisation pour les religieux de fonder partout des établissements d'instruction, et leurs collèges partageaient tous les avantages universitaires pour les examens et la collation des grades.

Mais ces fortes études sont inaccessibles à beaucoup, elles sont inutiles même à la plupart ; c'est donc l'instruction primaire qu'il importe surtout de répandre et de surveiller. Le message du Président au Congrès de 1871, dévoila franchement l'insuffisance des moyens pour développer l'instruction. D'une part la pauvreté des conseils municipaux, l'insuffisance des traitements

alloués aux instituteurs, de l'autre l'ignorance
notoire et souvent l'immoralité de ceux qui font
de l'enseignement un métier non une mission de
zèle, sont cause que plus de la moitié des enfants
restent sans instruction et que les autres ne rapportent de l'école que des idées fausses, des
exemples funestes. La réforme scolaire propose

d'exiger une école dans tous les centres qui
peuvent y envoyer cinquante enfants de six à
douze ans; de cette manière deux cent mille
enfants de plus recevront l'instruction primaire
qui sera gratuite et obligatoire, excepté pour les
nécessiteux contraints à gagner leur vie avant
l'âge fixé. En quatre ans les écoles étaient plus
que doublées, et la dépense diminuée de beau-

Les enfants et tous les indigents reçoivent *gratuitement*
l'instruction et les secours.

coup : car on avait appelé de nouveaux essaims de religieux, en particulier les Frères et les Sœurs de la Doctrine chrétienne, de telle sorte que le nombre des enfants inscrits aux écoles avait monté entre 1869 et 1875 de huit mille à trente-deux mille. Les indigènes ne furent pas délaissés ; Garcia Moreno créa des maîtres Indiens pour les pauvres sauvages, en même temps qu'il organisait des cours pour les soldats et les prisonniers.

Toutefois le prudent législateur se gardait bien d'exiger ou de favoriser une instruction hors de la portée des classes populaires, et dont le résultat final (on peut le constater de nos jours) est de peupler les états d'une foule de demi-savants, déclassés ambitieux et toujours prêts à la révolte, parce qu'ils ne savent pas gagner leur vie. L'école professionnelle ou *protectorat catholique* fut établie à grands frais à Quito, et un vaste terrain confié à des frères de New-York. Le génie administrateur du Président, en écartant les dépenses superflues avait trouvé le moyen d'être largement prodigue de tout ce qu'il jugeait utile au bien général.

A la fin de chaque année scolaire, une exposition des travaux précédait la distribution des prix, et les familles n'avaient pas de termes assez forts pour exprimer leur reconnaissance « au père et au bienfaiteur de la nation. »

Lui cependant n'était pas content, il ne disait jamais « c'est assez » et son but bien déterminé en détruisant l'Université schismatique de Quito, était de lui substituer une *Université Catholique*. Les livres, les matières et le mode d'enseignement devaient être indiqués par les évêques (on l'avait décidé par le Concordat); le Président si versé lui-même dans les hautes études, choisissait les professeurs les plus savants, mais avant tout les plus chrétiens ; la faculté de Droit en particulier qui n'est trop souvent qu'une école d'idées païennes ou schismatiques, excita l'ardeur de son zèle ; confiée aux enfants de Saint Ignace, elle transforma promptement la jeunesse, et les étudiants ne se laissaient plus entamer par le sophisme révolutionnaire ou libéral.

On se souvient que Garcia Moreno après son voyage en Europe 1854-1856, avait rapporté un magnifique cabinet de physique dont il fit présent à Quito ; et que pour attirer les étudiants il faisait publiquement les expériences les plus intéressantes sur les sciences appliquées au commerce, aux arts et à l'industrie.

C'est l'ancienne Université, que le Président va cette fois transformer sous le nom d'*Ecole Polytechnique* en faculté des sciences, en même temps que des applications spéciales formeront des ingénieurs, des mécaniciens, des architectes, des directeurs des ponts et chaussées, etc., etc. Douze Jésuites allemands qu'il parvint à obtenir pour l'Équateur, seront tous des savants hors-ligne : il suffira de nommer le recteur le P. Menten collaborateur du P. Secchi. Dès lors rien ne fut épargné pour procurer aux maîtres et aux élèves les instruments les plus perfectionnés. Garcia Moreno avait à Paris des intermédiaires intelligents et dévoués qui savaient faire profiter l'Équateur de tous les progrès de la science et de la mécanique. « Achetez ce qu'il y a de meilleur et de plus beau, » écrivait le Président. Les collections de minéralogie, de botanique, de zoologie, les cabinets de physique et de chimie excitaient l'étonnement et l'admiration des voyageurs étrangers ; mais les habitants de Quito ne comprenaient pas l'utilité de « tant de machines » et les libéraux eux, ne comprenaient que trop la gloire qui rejaillissait de Garcia Moreno sur l'esprit catholique, qui l'animait à toutes les grandes choses. La faculté de médecine devait avoir son tour ; en peu d'années tous les appareils et instruments nécessaires pour l'organisation des cours d'anatomie, de chirurgie, pour les cliniques et toutes les études médicales, arrivèrent à l'hôpital magnifiquement construit, entouré d'immenses laboratoires, de bibliothèques complètes et dirigé par deux professeurs émérites de la faculté de Montpellier, qui soignaient du premier jour plus de trois cents malades.

Les étudiants de l'Université bientôt justement glorieux de leurs succès rétablirent, sous la direction du P. Menten, la Congrégation de la Sainte Vierge, patronne de l'Équateur.

Pour la solennité des fêtes, pour la décoration

des temples, la musique, la sculpture et la peinture ont de tout temps prêté la main à la religion ; c'est même certainement le sentiment de la divinité inné chez tous les peuples, qui inspira le génie des hommes adonnés aux arts. Garcia Moreno établit à Quito un Conservatoire national. En six ans, malgré de mesquines réclamations et grâce au Président catholique, l'Equateur privé de l'instruction primaire et de l'enseignement secondaire comme des hautes études « avait passé des plus profondes ténèbres à la plus resplendissante lumière. » Peu importent en effet à celui dont le but est la gloire de Dieu dans le salut des peuples, peu importent les succès éphémères de l'ambition personnelle.

« Puissè-je donner ma vie pour la prospérité de l'Etat qui m'est confié, et ne me reposer que si Dieu m'arrête, » a dit Garcia Moreno ! Ainsi la religion catholique s'avance à travers les siècles inspirant à tous ses vrais enfants les désirs de saint Paul brûlant du salut des âmes, lorsqu'il s'écriait : « Plaise à Dieu que je dépense toutes choses et moi-même pour ceux que le ciel m'a donnés. »

Il ne faudrait pas croire que Garcia Moreno ait goûté sur la terre ce fruit de la reconnaissance qui mûrit si rarement ici-bas ; l'ignorance et la paresse sont des vices longs et difficiles à guérir ; il est plus commode à l'indolence d'acheter les grades et les places, plus commode à l'ambition d'exciter les révoltes populaires « pour se hisser au pouvoir comme on agite l'eau pour faire monter la fange à sa surface. » Aussi les jeunes gens irrités d'abord des réformes qui les astreignaient au travail, ne se présentaient-ils qu'en très petit nombre aux écoles : Garcia Moreno, outre la gratuité des inscriptions, donnait à chaque étudiant exact aux cours de sa profession, une récompense mensuelle de vingt piastres ; de sorte que bientôt les succès de l'Université prouvaient une fois de plus, que le Dieu des vrais catholiques est *le Dieu des sciences.*

La prospérité toujours croissante de la petite République Américaine attira l'attention des savants et même des voyageurs ; « la position de Quito, située à 3,000 mètres au-dessus de la mer, sous le ciel toujours pur de l'Equateur, dans une atmosphère transparente, dans un climat sain et délicieux » semblait à des astronomes tels que M. de Humbolt et le P. Secchi, réclamer un observatoire dont les travaux exceptionnels confirmeraient les découvertes précédentes, et ouvriraient probablement à la science des horizons nouveaux. Ce désir ayant été soumis à Garcia Moreno, il en étudia la portée et reconnut que placé dans de telles conditions, l'observatoire de Quito serait le premier du monde.

Cette œuvre vraiment internationale fut proposée à la France en 1865 ; le gouvernement de Napoléon III déjà ébranlé éluda la question. L'Angleterre et les États-Unis indifférents, ou peut-être jaloux d'une telle entreprise, ne consentirent pas à partager les dépenses ; c'est alors, en 1870, que Garcia Moreno plus grand à lui seul que toutes les nations de l'Europe ébranlées et

menacées de banqueroute, ouvrait un crédit illimité pour la construction de l'observatoire. En moins de quatre années, le monument domi-

Observatoire de Quito.

naît la ville; le P. Menten (1), prenait la direction des problèmes scientifiques qui devaient se résoudre à l'observatoire; une collection magnifique des instruments les mieux conditionnés et les plus nouveaux, était complétée par un télescope le plus fort qui existe, fourni par les ateliers de Munich au prix de six mille piastres.

(1) Lors de la construction de la route de Quito à Guayaquil, l'ingénieur ayant perdu la direction dans l'épaisseur des forêts, le P. Menten retrouva la ligne du tracé, et modifia les erreurs en consultant le cours des astres.

CHAPITRE XIV

Caractère propre des vertus de Garcia Moreno
« Ce grand homme était-il né saint ? »

Ce fier chrétien, ce hardi lutteur, ce grand homme en un mot, était-il donc né parfait, doué de toutes les vertus, capable de toutes les audaces ; et comme disent les lâches qui veulent ainsi s'excuser de leur incapacité, était-il *né saint, savant et hardi ?* Rien moins que cela, on a pu le voir. Craintif et peureux à l'excès, le petit Gabriel dut à l'énergie de son père d'avoir dominé sa nature timide ; docile à l'impulsion reçue dans l'enfance, il entreprit de réagir volontairement et constamment contre toutes les séductions, de braver résolument tous les dangers, et de ne reculer devant aucun obstacle.

Pauvre et dénué des protecteurs qui devaient lui ouvrir le chemin des écoles, l'enfant étudia seul d'abord, puis dans une pauvre cellule de religieux, et par son assiduité comme par sa régularité exemplaire se fraya le chemin de l'Université. Là, il perdit bientôt l'intégrité de la doctrine ; et l'enseignement libéral de ses maîtres aurait empoisonné la source de sa vie intellectuelle et morale, si son cœur toujours loyal, pur et brûlant pour la Sainte Vierge, ne l'eût ramené aux pratiques religieuses.

Devenu actif, hardi, entreprenant, son caractère ne souffrait pas de contradiction et sa parole mordante, incisive, portait des coups d'autant plus cruels qu'ils étaient plus sûrement dirigés contre les erreurs, non contre les personnes. Jugeant les questions de haut, voyant de loin dans l'avenir, il ne sut jamais transiger avec le mal, avec les idées subversives de l'ordre moral et politique ; surtout il ne le *voulut* jamais ; « si nous sommes catholiques, disait-il, soyons-le franchement. » Ce qui à ses yeux était *opportun*, c'était de professer hautement, envers et contre tout, la vérité tout entière. « En arithmétique il faut des chiffres et pas d'éloquence ; en philosophie et en politique pas de verbiages mais des raisons, dit-il. » Il désarçonnait d'un mot les adversaires de la vérité et de la justice, et les forçait à rendre les armes ; de plus il avait beaucoup d'esprit, c'est un grand défaut aux yeux de ceux qui n'en ont pas assez ! Il lui arrivait donc de stigmatiser les intrigants et les traîtres de façon à ce qu'ils ne pussent se relever. Voulant un jour qualifier la liaison de deux ambitieux qui rampaient pour obtenir des faveurs : « Vous avez là, disait-il, la nullité en deux hommes. »

Pour renverser un candidat dont l'administration avait été fatale une première fois, il écrivait dans son journal d'opposition :

« De rien on ne fait rien, disait-on. Mensonge : de rien on fait sans peine un chef de ministère et peut-être avec le temps quelque chose de plus. »

Mais la critique la plus sanglante, parce qu'elle est plus à la portée des masses, est celle qui terminait un numéro de *la Nacion* dans laquelle il avait dépeint « avec son pinceau d'artiste » les terreurs et les affolements d'un gouvernement sans boussole, parce qu'il est sans principes religieux.

« C'est, disait-il, un homme ivre, à la démarche incertaine, à la vue trouble, à la voix balbutiante. Il fait mille détours pour trouver son chemin, heurte à toutes les bornes, et attribue ses vertiges à la hauteur des édifices. Toujours vacillant, il se plaint qu'on le pousse, et qu'on lui fait perdre l'équilibre. Il roule des yeux hagards, lève la main pour saisir une ombre tenace, sans se douter qu'elle est produite par son propre corps. Il accuse le soleil et prétend qu'il fait nuit en plein midi, parce que ses yeux obscurcis ne distinguent plus les objets. Epouvanté il affirme que le sol tremble, parce qu'il ne tient plus sur ses jambes ; jusqu'à ce qu'enfin haletant, somnolent, n'en pouvant plus, il tombe et s'endorme. »

Les hommes publics doivent s'attendre à être jugés, les faits publics sont du domaine de l'histoire, ils peuvent être censurés sans que la charité chrétienne soit atteinte ; aussi Garcia Moreno n'hésitait-il pas à porter ces jugements sévères et raisonnés, qui doivent éclairer et guider l'opinion; mais avec la franchise des grands cœurs, il reconnaissait facilement ses torts.

Un jour qu'il était fort occupé des affaires de l'Etat, un ecclésiastique se présente, il insiste pour être introduit, et expose au Président un intérêt de minime importance. Garcia Moreno écoute d'abord (il commençait toujours par écouter), puis interpellant le visiteur : « Franchement, Monsieur l'abbé, ce n'était pas la peine de vous déranger et de me déranger moi-même pour une pareille vétille. » Le chrétien, après l'examen de sa journée, avant de prendre son repos, va trouver le prêtre et d'une voix émue de regret : « J'ai été avec vous violent et irrespectueux, je vous en demande pardon. »

Dans les discussions morales ou scientifiques, il soutenait d'ordinaire sa pensée avec l'ardeur de conviction d'une personne décidée à dominer ses adversaires ; que s'il voyait une erreur, aussitôt : « Je me suis trompé, disait-il, vous avez raison. »

L'une de ses résolutions était de « se conserver le plus possible dans la présence de Dieu, surtout dans les conversations, afin de ne pas excéder en paroles. »

Mais lorsqu'il s'agissait de l'honneur de Dieu, des outrages à cette suprême Majesté, il ne pouvait retenir son indignation et ne cherchait pas à cacher la profonde douleur de son âme : « Vous me faites plus de mal en m'apprenant une infraction grave à la loi de Dieu, disait-il, que si vous m'annonciez une éruption du Cotapaxi.

C'est que la *foi* éclairait vraiment cette grande âme ; et comme le travail personnel et une science profonde avaient encore fortifié sa vertu, il renversait d'un mot les dénégations des prétendus savants, et l'échafaudage de leurs objections ; de même il méprisait les absurdes attaques des orateurs et des journaux qui battent en brèche toutes les vérités de la religion, et soulèvent une foule de problèmes scientifiques qu'ils seraient bien en peine de résoudre.

Et sa religion n'était pas la « religion de l'Être suprême » c'était la religion catholique, avec tous ses dogmes, tous ses mystères, tous ses enseignements, tous les préceptes de sa morale.

Croyant à la présence, à la toute-puissance, à la bonté infinie de Dieu, il agissait sous son regard avec l'amour d'un enfant devant son père, mais avec la rectitude d'un homme devant le Juge suprême. « J'offrirai souvent mon cœur à Dieu, écrivait-il, principalement avant de commencer mes actions. »

« Faire effort par un regard sur Jésus et Marie pour contenir mon impatience, et *contrarier* mon inclination naturelle ; être aimable avec les importuns ; ne jamais parler mal de mes ennemis. »

« Catholique en tant qu'individu, il voulut l'être encore comme chef de l'Etat. » Pour cet esprit droit et logique, ne pas conformer les lois d'un peuple catholique à la loi divine, c'était « nier le droit de Jésus-Christ sur les nations qu'il a rachetées...; connaître les commandements de Dieu et se dispenser de les mettre en pratique, c'était compromettre le salut des Etats. » « La foi sans les œuvres, disait-il, ne sauve pas le chrétien, les thèses sociales ne sauveront pas le monde de l'anarchie... Je ne puis représenter dignement le peuple, sans protéger et défendre le catholicisme. »

Aux objections, aux prétendues impossibilités de mettre les principes religieux d'accord avec les sophismes de l'esprit moderne, il répondait : « Que penserons-nous de tout cela à l'agonie, » ou bien encore, et surtout, il s'écriait avec le noble enthousiasme de la foi : « *Dieu ne meurt pas,* » ce qui veut dire : « Dieu est, Dieu conduit et dirige tout, Dieu protège ceux qui le servent, qu'y a-t-il d'impossible à Dieu ? »

« C'est pour moi un vrai bonheur, avait-il écrit (1), en même temps qu'un bonheur immérité, de subir les insultes de la Révolution en compagnie des ordres religieux, des évêques et même du Souverain Pontife. L'injure c'est mon salaire, disait-il parfois; si mes ennemis me poursuivaient à l'occasion d'un acte criminel, je leur demanderais pardon, et je tâcherais de m'amender. Mais ils me haïssent à cause de l'amour que je porte à ma patrie, parce que je veux lui conserver la foi, son trésor le plus précieux, parce que je suis et veux me montrer en toute occasion le fils soumis

(1) 3 février 1874.

de la sainte Eglise. A ces hommes de haine, je n'ai rien à répondre sinon : *Dieu ne meurt pas.* »

Garcia Moreno aimait à reconnaître son impuissance et l'inépuisable bonté de Dieu dans son gouvernement, et dans la gloire toujours croissante de l'Équateur : « Parmi les grands bienfaits dont Dieu, dans son inépuisable miséricorde, comble notre république, je compte, dit Garcia Moreno dans un message au Congrès, celui de nous voir encore une fois réunis sous sa protection tutélaire, à l'ombre de la paix qu'il nous conserve et dont nous jouissons, nous qui ne sommes rien, qui ne pouvons rien, et qui trop souvent ne savons reconnaître sa paternelle bonté que par nos coupables et monstrueuses ingratitudes. »

Cette âme de héros était humble ; il n'oublia jamais que Dieu est celui qui est et l'homme celui qui n'est pas (1). Aussi cherchait-il dans la prière, dans la méditation prolongée, la lumière et la force pour remplir les devoirs de sa laborieuse mission : « Tous les matins, lisons-nous à la première page de l'*Imitation de Jésus-Christ* qu'il portait toujours sur lui, je ferai l'oraison et je demanderai particulièrement la vertu d'humilité.

« Chaque jour j'assisterai à la messe, je réciterai le Rosaire et lirai, outre un chapitre de l'*Imitation*, ce règlement et les instructions y annexées.

« Je dirai à chaque heure : « Je suis pire qu'un

(1) Paroles de Notre-Seigneur à sainte Catherine de Sienne : « Ma fille, souviens-toi que je suis celui qui est, et toi celle qui n'est pas. »

démon et l'enfer devrait être ma demeure, si la miséricorde de Dieu ne me soutenait. »

« Dans ma chambre, ne jamais prier assis quand je puis le faire debout. Faire des actes d'humilité, baiser la terre par exemple, désirer toutes sortes d'humiliations, prenant soin toutefois de ne pas les mériter; me réjouir quand on censurera ma personne et mes actes. »

Ces résolutions, le pieux Président les exécutait à la lettre ; dans les camps, dans les voyages, quelque pressé qu'il fût, il ne négligeait pas les exercices de la piété, faisant avec son aide de camp la prière matin et soir, récitant le chapelet avec ses officiers comme il en avait l'habitude en famille ; jamais il ne manquait la messe le dimanche, même dans les expéditions, retardant toutes les autres affaires, plutôt que d'omettre celle qui regarde le service de Dieu ; au retour de courses fatigantes, après avoir passé la nuit à cheval, avant de se reposer, il entrait à l'église pour entendre la messe et la servir souvent. Il avait soin de pourvoir lui-même à l'instruction de ses familiers et de ses domestiques, commentant avec une piété touchante et une science remarquable, le catéchisme et de pieuses lectures.

Entouré des ministres et des hauts fonctionnaires, il assistait officiellement aux offices dans la cathédrale de Quito, à toutes les grandes fêtes de l'Église. Il tenait à honneur d'occuper le premier rang au milieu de son peuple dans toutes les cérémonies. Il ne consentit jamais à se dispenser des longues processions qui lui prenaient un temps précieux : « Je ne suis qu'un chrétien comme les autres, » disait-il.

A la Fête-Dieu, Garcia Moreno, en grand costume de général et de Président, portait un cierge devant le dais, marchant intrépide au milieu des rues, sans dévier jamais, comme tous les assistants, pour éviter les ardeurs du soleil brûlant des tropiques, et sans consentir à prendre aucune précaution : « Dieu me garde de me couvrir en sa présence, » répondait-il vivement.

On le voyait s'approcher de la sainte Table tous les dimanches, et souvent dans la semaine les jours de fête ; accompagner au milieu de la foule respectueuse le saint Viatique que l'on portait aux mourants ; entrer à l'église pendant la journée pour y prolonger ses visites au Saint-Sacrement, y examiner devant Dieu les besoins de son peuple, et puiser à cette source divine les inspirations de son dévouement.

« Tous les matins, avait-il résolu, avant de me livrer à mes occupations, j'écrirai ce que je dois faire, attentif à bien distribuer le temps, à ne m'adonner qu'à des travaux utiles, à les continuer d'une manière persévérante. »

« J'observerai scrupuleusement les lois, et n'aurai d'autre intention dans tous mes actes que la plus grande gloire de Dieu. »

« Oh ! si les rois, écrit sainte Thérèse dans le livre de sa *Vie*, si les chefs d'Etat faisaient tous les jours une demi-heure d'oraison, que la face de la terre serait vite renouvelée ! » Oh ! si tous observaient les premiers les lois divines et humaines, ajouterons-nous encore, quelle force ils auraient pour les maintenir, et quels exemples ils donneraient aux nations !

L'*exemple*, moyen infaillible de véritable apostolat, le Président voulait s'en servir pour gagner et garder à Dieu toutes les âmes d'un peuple qui lui était cher, et dont il se sentait responsable.

Nous avons vu par quel charitable expédient il ramenait un magistrat dans la bonne voie ; un autre ami dont la fortune entière était dépensée en œuvres de bienfaisance, se tenait éloigné des sacrements ; il assistait aux offices, aux exercices de piété même, et son cœur restait froid dans la pratique.

Dans le courant d'un mois de mai, Garcia Moreno causait avec cet ami, lorsque s'interrompant tout à coup :

« — A propos, dit-il, je voudrais bien offrir un bouquet à la Sainte Vierge pour la fin du mois ; mais il faudra que vous en fassiez la dépense, car elle m'est impossible.

« — Vous savez que ma bourse vous est ouverte.

« — Je puis donc compter sur vous ?

« — Pouvez-vous en douter ! Surtout ne négligez rien pour rendre votre bouquet aussi beau que possible.

« — Eh bien ! mon cher ami, j'ai promis à la Sainte Vierge de communier à côté de vous le dernier jour de son mois ! Vous voyez que sans votre concours je ne puis remplir mon engagement.

« — Vous avez vraiment de singulières idées... Un acte de cette importance exige plus de préparation...

« — C'est précisément pourquoi je vous préviens à l'avance. »

L'entretien terminé, Garcia Moreno eut la joie de donner rendez-vous à son ami pour une retraite de quelques jours, qui précéda la clôture du mois de Marie, et de s'approcher avec lui de la sainte Table pour offrir à la Reine du Ciel un bouquet digne de sa grandeur !

La dévotion à la Très Sainte Vierge n'est pas seulement, on le sait, une pieuse pratique ; c'est le signe le plus assuré de prédestination, le gage du salut éternel ; l'invocation de son nom préserve tous les hommes de la perdition, suivant cette parole de saint Bernard : « O nom béni, que Dieu n'accorde de prononcer à la dernière heure, qu'à ceux qui seront sauvés ! »

Deux congrégations de la Sainte-Vierge avaient été établies par les Jésuites ; le Président alla trouver le directeur de la congrégation ouvrière, choisissant celle-là de préférence, « car, dit-il, ma place est au milieu de mon peuple. » Il ne manquait pas une assemblée, heureux qu'il était de porter la médaille de Marie comme les ouvriers, qui se montraient fiers de voir le *bon Président* s'unir à eux.

En toute circonstance, le Président se couvrait

de la protection de Marie : il communiait à ses fêtes, portait avec dévotion ses scapulaires, et célébrait avec magnificence la fête de Notre-Dame de la Merci (24 mai), patronne de la République. Il cherchait encore à la faire aimer.

Un jour qu'il visitait une scierie mécanique à laquelle des Irlandais travaillaient sous ses ordres, il voulut réjouir les ouvriers. Après un repas abondant en mets de leur pays, il causa familièrement avec eux, les écouta avec intérêt parler de la *verte Irlande,* et les voyant disposés à répondre librement, leur demanda :

« — Aime-t-on la Sainte Vierge chez vous ?

« — Oh ! si nous l'aimons ! je crois bien, de tout notre cœur.

« — Savez-vous quelques couplets en son honneur ? »

Et ces braves gens d'entonner aussitôt les cantiques de leur enfance à la Sainte Vierge.

« — Très bien, mes enfants, s'écrie le Président tout ému ; si vous voulez, mettons-nous à genoux et prions-la ensemble pour que vous continuiez à aimer et à servir le bon Dieu. »

Tous alors, joyeux et recueillis, récitent le chapelet, à haute voix. Cette égalité et cette fraternité chrétiennes sont de la bonne politique, qui fonde les Etats mieux que celle des libéraux.

Lorsque saint Joseph eut été proclamé par Pie IX patron de l'Eglise, Garcia Moreno publiait aussitôt que sa fête serait célébrée solennellement dans tout l'Equateur ; il lui tardait de reconnaître comme protecteur de la famille équatorienne le chef et le gardien de la sainte Famille.

Une des plus brillantes fleurs du jardin de l'Eglise avait été la Bienheureuse Marianne de Jésus, surnommée *le lis de Quito* (1).

Dès sa première élection, Garcia Moreno décidait la restauration de la chapelle dédiée à la sainte; plus tard, une flèche superbe porta dans

(1) La Bienheureuse Marianne de Jésus de Parédès y Florès naquit le 31 octobre 1618 à Quito, capitale de la république de l'Equateur. Privée dès son bas âge de ses parents, l'enfant qui déjà se faisait appeler Marianne de Jésus, confiée à la sollicitude de sa sœur aînée, répondait à tous les soins dont elle était l'objet

« Tous, recueillis et joyeux, récitent le chapelet. »

les airs le souvenir de cette humble Vierge ; ses reliques furent transférées en 1865 dans le nouveau sanctuaire ; et, par l'initiative du Président, le Congrès votait l'acquisition d'une châsse magnifique pour y déposer le précieux trésor.

par son intelligence, son assiduité au travail, surtout par son ardente piété.

Les pauvres étaient ses amis, comme ils le sont de Jésus-Christ et de tous les saints ; et souvent elle leur distribuait la portion tout entière qu'elle recevait pour sa nourriture qui se multipliait encore entre ses mains. Pour récompense Notre-Seigneur lui apparaissait souvent, et emmenait son âme en Paradis pendant qu'il achevait en son corps ce qui manque à la divine expiation. Affligée de longues et douloureuses maladies, la sainte dut se soumettre à de fréquentes saignées pendant lesquelles elle s'unissait de cœur au Sang divin répandu pour le salut du monde. « Les servantes jetaient ce sang dans un endroit du jardin ; il y resta pur et vermeil. Après la mort de la Bienheureuse, on vit pousser près de là un lis d'une beauté admirable, dont les racines plongeaient dans le sang lui-même. Ce prodige qui manifestait l'innocence et la sainteté de la servante de Dieu, la fit appeler par ses contemporains le *lis de Quito*. » (Petits Bollandistes, t. VI, p. 234).

En 1645, une épidémie terrible et d'horribles tremblements de terre jetaient la ville et la province dans la consternation. La Bienheureuse offre sa vie pour le peuple désolé ; le jour même, les tremblements de terre cessent et l'épidémie commence à diminuer ; mais Marianne de Jésus, accablée en même temps de plusieurs maladies, succombait le 26 mai 1645, à l'âge de vingt-six ans et demi, et le mal qui sévissait à Quito disparut entièrement quand elle eut rendu le dernier soupir. Béatifiée par Pie IX en 1853, elle est regardée comme la protectrice de l'Equateur.

CHAPITRE XV

Protestation en faveur du pouvoir temporel. — Consécration de la République au Sacré-Cœur.

Il nous a paru nécessaire de réunir en les isolant, les deux évènements politiques dont la portée tout exceptionnelle fait à Garcia Moreno un piédestal du haut duquel il domine tous les chefs d'État. Lui, le Président d'une des plus petites républiques du Nouveau-Monde, parce qu'il était éclairé de la lumière divine, a compris les droits de la justice, il les a soutenus et revendiqués, pendant que tous se taisaient, complices ou victimes de la plus sacrilège usurpation.

Nous l'avons vu en 1860 adresser à Pie IX la filiale assurance de son dévouement, regretter que les faibles ressources de l'Équateur ne lui permissent pas de voler au secours de la Papauté.

La guerre contre l'Église date du jour de sa naissance, mais depuis un siècle les sociétés secrètes ont entrepris d'ébranler et de renverser cette « pierre contre laquelle les portes de l'enfer ne sauraient prévaloir » un instant, que pour rendre la victoire de Jésus-Christ plus éclatante.

« Seulement, à chaque nouveau triomphe des

bandes révolutionnaires, il apparaissait toujours un roi ou un Congrès de rois, pour relever le trône pontifical... Ce que voyant, la franc-maçonnerie enrôla les chefs d'États parmi ses complices... Dès lors commença cette longue série de trahisons, ce long baiser de Judas qui aboutit au crime de 1870. »

C'est-à-dire que, sous prétexte d'arrêter Garibaldi, Victor-Emmanuel, roi du Piémont, envahit les Marches et l'Ombrie (domaine de l'Église), pour massacrer à Castelfidardo la petite troupe pontificale commandée par La Moricière.

« L'armée française assiste l'arme au bras à cette iniquité, se retire devant les troupes piémontaises, abandonne sur l'ordre de Napoléon III Rome et son Pontife, au roi excommunié qui s'installe dans le palais des Papes au Quirinal ! »

On se souvient du mot brutal, mais si vrai de M. Thiers, lequel malgré son esprit révolutionnaire voulait sauver l'honneur de la France : « C'est une loi de l'histoire, quand on mange du Pape on en meurt. » Où sont à présent ceux qui, par des *annexions injustes* et successives, en sont venus à mettre la main sur l'arche sainte ?

Pie IX dénonçait aux puissances « le roi du Piémont lequel avait envahi le lambeau de territoire qui restait au Saint-Siège, envahi la Ville Éternelle après en avoir abattu les murailles à coups de canon... » Il lançait de nouveau l'excommunication contre les auteurs et les fauteurs de l'abominable attentat ; et le cardinal Antonelli, secrétaire d'État, après avoir protesté devant l'univers catholique contre l'occupation de Rome, déclarait que « le Saint-Père fidèle à ses serments et à sa conscience, revendiquerait ses droits par tous les moyens en son pouvoir, et affronterait la prison et la mort plutôt que de trahir son devoir. »

« L'histoire impartiale ne sait ce qu'elle doit flétrir davantage, ou l'invasion sacrilège, ou la honteuse inaction des puissances qui consentirent à regarder le plus fort écraser le plus faible; quand le plus faible s'appelait le Pape, et le plus fort, un roi infidèle et sacrilège. »

Le clairvoyant Pontife Pie IX avait donc bien prévu l'avenir lorsqu'il disait aux ambassadeurs :

« Messieurs, je voudrais pouvoir dire que je compte sur vous, et que quelqu'un d'entre vous aura l'honneur de tirer l'Église de ses tribulations. Les temps sont changés, le pauvre vieux Pape ne compte plus sur personne, ici-bas.; mais l'Église est immortelle, Messieurs, ne l'oubliez pas. »

Garcia Moreno pendant cette longue trahison avait plus d'une fois regretté d'être retenu par son devoir loin de l'armée pontificale. « Que ne suis-je à la tête des Francs ! » s'écriait-il. Lorsque l'encyclique de Pie IX, dénonçant les attentats du Piémont, arrivait à l'Equateur, il adressait officiellement et faisait insérer au journal, la plus chevaleresque protestation au ministre de Victor Emmanuel; elle se terminait ainsi :

« Le gouvernement de l'Equateur, malgré sa faiblesse et l'énorme distance qui le sépare du vieux monde, accomplit le devoir de protester, comme il proteste devant Dieu et devant les hommes, au nom de la justice outragée, contre l'inique invasion de Rome et l'esclavage du Pontife romain, nonobstant les promesses insidieuses toujours violées, nonobstant les garanties dérisoires d'indépendance au moyen desquelles on entend déguiser l'ignominieux asservissement de l'Église. Il proteste enfin contre les conséquences préjudiciables au Saint-Siège et à l'Église catholique, qui ont déjà résulté et qui résulteront encore de cet indigne abus de la force... En vous adressant cette protestation par ordre formel de l'Excellentissime Président de cette République, le soussigné veut espérer encore que le roi Victor-Emmanuel réparera noblement les déplorables effets d'un moment de vertige, avant que le trône de ses illustres aïeux soit réduit en cendres par le feu vengeur des révolutions. » (18 Janvier 1871).

Non content de parler, Garcia Moreno invitait toutes les républiques américaines à s'unir à la voix de l'Équateur. « Dieu n'a besoin ni de nous, ni de rien, écrivait-il en annonçant le peu de succès de ses démarches ; il accomplira ses promesses en dépit de l'enfer et de ses satellites franc-maçons, qui, par le moyen des gouvernants, sont plus ou moins les maîtres. »

De tous les points de l'Équateur arrivait au délégat apostolique l'expression indignée de la douleur universelle. « Hélas ! nous ne pouvons rien contre ces odieux attentats, mais nous les réprouvons et nous les condamnons de tout notre cœur. »

« Le vieux monde, écrit à ce propos le journal *la Cruz*, couvert de stigmates honteux... a laissé le Vicaire du Christ entre les mains des nouveaux Judas. Nos gouvernants libéraux ont assisté tranquillement, peut-être même joyeusement, au triomphe de la liberté du mal... Mais de l'autre côté des mers, existe une nation, dont le gouvernement, les lois et les mœurs sont fondés sur le catholicisme, un peuple qui bien que républicain a su vomir le poison libéral... Cette nation est la seule qui ait protesté par un acte officiel, solennel, énergique... La seule qui ait censuré par son exemple l'humiliante apathie de ceux qui pouvaient et qui devaient aller au secours du Souverain Pontife... C'est la petite République de l'Équateur, petite matériellement, grande par sa foi ! »

« Garcia Moreno est le seul qui profite du droit d'un pays libre, pour faire entendre le ferme langage de la justice, ce qui lui a valu les félicitations et l'estime du monde entier. »

Le pieux Président trouvait tout simple de remplir l'un des premiers devoirs de sa charge ; il s'excusait presque des louanges qui lui arrivaient de toute part : « Si le dernier des Équatoriens, répondait-il, subissait une injustice, je ne souffrirais pas l'abus de la force contre sa personne ou ses biens ; pouvais-je me taire, quand les droits les plus sacrés du Saint-Siège sont foulés aux pieds. »

La petite République se hâta en 1873 d'envoyer au *denier de Saint Pierre* à titre de don *national* une offrande de dix mille piastres (52,000 francs).

« En tout temps, disait le message, une pareille conduite devrait être celle d'un peuple catholique, mais aujourd'hui que les apostats en viennent à renier dans leurs blasphèmes la divinité de Jésus-Christ, notre Dieu et notre Seigneur, aujourd'hui que tout se ligue, tout conspire, tout s'acharne contre Dieu et contre son Christ... aujourd'hui cette conduite conséquente, résolue, courageuse, s'impose absolument, car *l'inaction pendant le combat est une trahison ou une lâcheté !* »

Déjà au moment de la protestation (1871), Pie IX avait répondu à Garcia Moreno par l'effusion de sa paternelle reconnaissance ; et pendant la lecture de ce beau document le Pontife ému s'était écrié : « Ah ! si celui-là était un roi puissant, le Pape aurait un appui en ce monde ! »

Après avoir reçu la lettre du Président et le don du Congrès, Pie IX dans un Bref magnifique, énumère les biens de toute sorte « dus au zèle et à la prudence du chef d'État chrétien, le félicitant de la piété avec laquelle il rapporte à Dieu et à l'Église tous les succès dont il se réjouit, persuadé que sans la moralité dont l'Église catholique seule enseigne et maintient les préceptes, il ne saurait y avoir pour les peuples de véritable progrès. »

Sous l'impression des éloges venus de si haut, le Président adressait au Souverain Pontife une lettre que nous osons qualifier d'*intime* :

« Très Saint-Père, je ne puis rendre l'impression de gratitude que produisit sur moi la lettre si paternelle et si affectueuse de Votre Sainteté ! L'approbation que vous daignez donner à mes efforts, est pour moi la récompense la plus grande que j'ambitionne sur cette terre, mais elle est bien supérieure à mes mérites. Je confesse en toute justice que nous devons tout à Dieu, non seulement la prospérité croissante de notre petit État, mais aussi les moyens que j'emploie pour la développer, et même le désir que Dieu m'a inspiré de travailler pour sa gloire. Je ne mérite donc aucune récompense ; j'ai bien plus de raison de craindre qu'au dernier jour, Dieu ne me rende responsable du bien que j'aurais pu faire avec le secours de sa bonté, et que je n'ai pas fait. Daigne donc Votre Sainteté, le supplier de me pardonner, et de me sauver malgré mes fautes. Dieu veuille m'éclairer, me diriger en toutes choses, et m'accorder *la grâce de mourir pour la défense de la foi et de la sainte Église*... Dans ces sentiments, Très Saint-Père, j'implore une nouvelle bénédiction pour la République, pour ma famille et pour ma personne. Je sens croître avec votre bénédiction ma confiance en Dieu, source de toute force et de toute valeur. »

Le second acte religieux et éminemment politique du héros chrétien, fut la Consécration solennelle de l'Équateur au Sacré-Cœur de Jésus. Les scrupules d'une conscience éclairée le faisaient hésiter encore : « Pour consacrer la République au Dieu de toute sainteté, avons-nous, disait-il, suffisamment moralisé les masses, purifié le foyer domestique, restauré la justice, établi la paix et la concorde parmi les citoyens, la ferveur dans le temple ? »

Cependant le troisième Concile de Quito réuni en 1873, devait précéder le Congrès de quelques jours seulement; Garcia Moreno, en fils soumis de l'Église, présenta aux évêques le projet de consécration. C'était prévenir le vœu secret de l'Épiscopat. On rendit avec bonheur le décret daté du 13 avril 1873 par lequel le Concile « offre et consacre solennellement la République au Sacré-Cœur, le suppliant d'être son protecteur, son guide et son défenseur ; afin que jamais elle ne s'écarte de la foi catholique, apostolique et romaine, et que les habitants de l'Équateur, conformant leur vie à cette foi, y trouvent le bonheur dans le temps et dans l'éternité. »

Par l'initiative du Président, le Parlement et le Congrès unirent officiellement l'État à la consécration, par une adhésion motivée qui restera peut-être unique dans l'histoire des temps modernes, et que nous reproduisons en partie :

« Considérant que le troisième Concile de Quito a, par un décret spécial, consacré la République au Sacré-Cœur de Jésus, la plaçant sous sa défense et protection ; qu'il convient aux représentants de la nation de s'associer à un acte de tout point conforme à ses sentiments hautement

Consécration de la République au Sacré-Cœur.

catholiques ; que cet acte, le plus efficace pour conserver la foi, est encore le meilleur moyen d'assurer le progrès et la prospérité de l'État ; le Congrès décrète que la République, désormais consacrée au Cœur de Jésus, l'adopte pour son patron et protecteur.

« La fête du Sacré-Cœur, fête civile de première classe, se célébrera dans toutes les cathédrales avec la plus grande solennité possible. De plus, pour exciter le zèle et la piété des fidèles, on érigera dans chaque cathédrale un autel au Sacré-Cœur, sur lequel sera placée, aux frais de l'État, une pierre commémorative relatant le présent décret. »

Le décret voté à l'unanimité ne resta pas lettre morte ; peu de semaines après, au même jour et à la même heure, unis dans la même foi et dans le même amour, les enfants de l'Équateur entouraient les autels ; à Quito, le Président revêtu de ses insignes, accompagné des membres du Congrès, des magistrats et des officiers, s'était rendu à la cathédrale. L'Archevêque prononça le premier la formule solennelle ; après quoi Garcia Moreno répéta dans les mêmes termes, au nom de l'État, la consécration de la République au Cœur de Jésus ; et le peuple se répandit ensuite dans la ville, continuant à célébrer la fête par des réjouissances et des illuminations qui se prolongèrent jusque dans la nuit.

CHAPITRE XVI

L'Immolation. — Le triomphe éternel.

Désormais Garcia Moreno était le chef de *la République du Sacré-Cœur!*

En 1871 et 1873, le Congrès n'avait eu qu'à constater la bonne harmonie des pouvoirs ; la paix et la sécurité ouvraient à l'Équateur un avenir prospère. Si « autrefois on craignait les Congrès comme les tremblements de terre, les épidémies, les calamités publiques... si l'on faisait des prières publiques, poussant des cris de terreur comme à l'approche d'une invasion, ce temps là n'était plus... l'entente des représentants avec le gouvernement jetait le peuple dans une sorte de ravissement (1). »

Aux cris de fureur des mécontents contre le *Président-Jésuite,* Garcia Moreno faisait répondre que « dans cette nouvelle Thèbes aux cent portes, chacun était libre de sortir s'il le préférait, plutôt que de s'accommoder aux lois du pays. » Bien plus, il pardonna tous les crimes politiques,

(1) *La Verdad,* 20 octobre 1873.

autorisa tous les exilés à revenir, sans préjudice de leur responsabilité devant les tribunaux, pour les crimes de droit commun. En un mot, il entrait dans cette troisième période qu'il espérait être, avec le secours de la Providence, une période de consolidation.

L'année 1875 ramenait l'élection du Président ; le résultat ne pouvait être douteux, néanmoins les libéraux résolurent d'opposer à l'inflexible Garcia Moreno, le timide catholique Borréro ; en même temps, les journaux opposants, de toutes nuances, s'appliquèrent à calomnier le Président, à dénaturer ses actes, à le représenter même comme un tyran qui s'appuie sur la religion pour opprimer le peuple.

Pendant la campagne entreprise par ces catholiques-libéraux, les francs-maçons en poursuivaient une autre, plus cachée, plus perfide (1) ; et

(1) En relisant l'Encyclique du 21 novembre 1873, on reconnaîtra si le Saint-Père Pie IX avait bien prévu les agissements de la secte satanique :
« ..... Quand on connaît le caractère, les tendances, le but des sectes, — qu'elles s'appellent maçonniques ou de tout autre nom, — et qu'on les compare avec le caractère, la nature et l'étendue de cette conspiration qui presque par toute la terre s'attaque à l'Eglise, on ne peut douter que les calamités présentes ne doivent être attribuées aux artifices et aux machinations de ces sectes. Car c'est d'elles que se forme la synagogue de Satan qui range ses troupes en face de l'Eglise de Jésus-Christ, marche contre elle et lui livre bataille. Ces sectes, nos prédécesseurs, sentinelles vigilantes en Israël, les ont dès le principe dénoncées aux rois et aux peuples ; puis ils les ont frappées coup sur coup de leurs condamnations. Nous-même nous n'avons pas failli à ce devoir. Et plût à Dieu que les Pasteurs suprêmes de l'Eglise eussent été mieux écoutés de ceux qui auraient pu dé-

pour préparer l'opinion publique au crime qu'ils
méditaient, ils répandaient, en Europe même, le
bruit d'une catastrophe à l'Equateur. Le Président, disait-on, a été assassiné par son propre
aide de camp... Un journal de la Colombie publiait une nécrologie de Garcia Moreno, célébrant ses victoires et sa grande œuvre de restauration morale, et finissant par ce vœu : « Dieu
veuille que la disparition de ce grand homme
n'entraîne pas la ruine de l'Equateur ! »

tourner une peste si pernicieuse. Mais elle, se glissant par des
voies tortueuses, poursuivant son œuvre sans relâche, trompant
le grand nombre par des ruses perfides, est enfin arrivée jusqu'à
sortir de son repaire et à se vanter d'être désormais toute-puissante et maîtresse.

« Avec le nombre immensément accru de leurs adeptes, ces
sectes abominables croient que leurs vœux vont être accomplis
et qu'elles touchent presque à leur but. Ayant enfin obtenu ce
qu'elles avaient si longuement souhaité, à savoir d'être en plusieurs contrées à la tête du gouvernement, elles emploient audacieusement tout ce qu'elles ont amassé de forces et d'autorité à
réduire l'Eglise de Dieu au plus dur esclavage, à ruiner les fondements sur lesquels elle s'appuie, à dénaturer les caractères
divins qui rayonnent en elle, en un mot, à l'ébranler de leurs
coups redoublés, à la démolir, à la renverser, s'il était possible,
et à la faire entièrement disparaître du monde.

« Puisqu'il en est ainsi, vénérables Frères, faites tous vos
efforts pour prémunir contre les embûches et la contagion de
ces sectes les fidèles confiés à vos soins, et pour retirer de la
perdition ceux qui auraient eu le malheur de s'y affilier. Mais
surtout montrez et combattez l'erreur de ceux qui, trompés ou
trompeurs, ne craignent pas d'affirmer que ces conventicules
ténébreux n'ont en vue que l'utilité sociale, le progrès social et
l'exercice de la bienfaisance mutuelle. Exposez-leur souvent et
faites pénétrer plus avant dans leurs esprits les constitutions
pontificales relatives à ce sujet : enseignez-leur qu'elles frappent
non-seulement les loges maçonniques établies en Europe, mais

Dès 1869, un jeune professeur de Berlin, mandé à l'Université de Quito, avait été détourné de son voyage par un chef de la loge, qui l'avait assuré que le Président ne serait bientôt plus au pouvoir.

En 1873, des assassins l'attendaient sur la route de Guachala et ne purent l'atteindre, mais déjà le bruit de sa mort avait été répandu à Bogota.

De tous côtés venaient à Garcia Moreno des avis et des dénonciations : « Je crains Dieu,

encore toutes celles qui sont en Amérique et dans toutes les autres contrées de l'Univers.

« ..... Confions-nous dans le secours divin, excitons-nous par ces belles paroles de saint Jean Chrysostome :

« Les flots s'amoncèlent, la vague est menaçante ; mais ne craignons pas d'être submergés, car nous sommes affermis sur la pierre. Que la mer se déchaîne, elle ne peut pas désagréger la pierre ; que les flots se soulèvent, ils n'ont pas la force d'engloutir la barque de Jésus. Rien n'est plus puissant que l'Eglise. Elle est plus forte que le ciel même. *Le ciel et la terre passeront ; mes paroles ne passeront pas.* Quelles paroles ? *Tu es Pierre, et sur cette pierre je bâtirai mon Eglise, et les portes de l'Enfer ne prévaudront pas contre elle.* Que si vous ne croyez pas aux paroles, croyez aux faits. Que de tyrans ont voulu venir à bout de l'Eglise ! que de grils ardents ! que de fournaises ! que de bêtes dévorantes ! que de glaives tranchants ! Et ils n'ont pas vaincu ! Où sont ceux qui leur faisaient la guerre ? On n'en parle plus. Où est l'Eglise ? elle resplendit plus que le soleil. Ils se sont éteints ; elle est immortelle ! Si les chrétiens quand ils étaient en petit nombre n'ont pas été vaincus, comment les vaincrez-vous quand la sainte religion remplit l'univers ? »

« *Le ciel et la terre passeront ; mes paroles ne passeront pas.* C'est pourquoi, sans nous émouvoir d'aucun péril et sans concevoir aucune défiance, persévérons dans la prière... afin que le Tout-Puissant se lève enfin dans sa miséricorde, qu'il commande aux vents et calme la tempête. »

répondait-il, mais Dieu seul. Je pardonne à mes ennemis de bon cœur ; je leur ferais du bien si je les connaissais et si j'en avais l'occasion. »

« Entourez-vous au moins d'une escorte lui demandaient ses amis.

« Et qui me défendra de l'escorte ? J'aime mieux me confier en Dieu ; si le Seigneur ne garde la cité, c'est en vain que travaillent ceux qui la gardent. » (Ps. 126.)

Dans une autre occasion, il disait : « Comment se défendre contre des gens qui vous reprochent d'être chrétien ? Du moment qu'ils ne craignent pas Dieu, ils sont maîtres de ma vie, moi *je ne veux pas être maître de Dieu, je ne veux pas m'écarter du chemin qu'il m'a tracé.* »

Cependant une majorité écrasante montrait assez que la nation, unie à son chef, entendait demeurer libre et prospère sous l'administration paternelle du héros ; le crime seul ne consentit pas à reculer devant la volonté populaire clairement exprimée.

Garcia Moreno, ainsi réélu, se mit à l'œuvre pour consolider le bien si largement accompli depuis six ans, pour affermir une paix si glorieuse et si douce aux Équatoriens.

Sous l'empire de menaces et d'avertissements continuellement renouvelés, il répétait : « Les ennemis de Dieu et de l'Église peuvent me tuer, mais, *Dieu ne meurt pas !* »... « Après ma mort notre chère république passera par une crise bien douloureuse ; mais le Sacré-Cœur auquel elle est consacrée la sauvera. »

Devançant néanmoins l'époque où son nouveau mandat devait être notifié aux puissances, pour écrire au Souverain Pontife, il lui adressait ces lignes admirables : « J'implore votre bénédiction, Très Saint Père, ayant été, sans mérite de ma part, réélu pour gouverner pendant six années encore cette république catholique. La nouvelle période présidentielle ne commence que le 30 août, date à laquelle je dois prêter le serment constitutionnel, et c'est alors qu'il serait de mon devoir d'en donner officiellement connaissance à Votre Sainteté ; mais j'ai voulu le faire aujourd'hui, afin d'obtenir du ciel la force et la lumière dont j'ai besoin, plus que tout autre, pour rester à jamais le fils dévoué de notre Rédempteur, le serviteur loyal et obéissant de son Vicaire infaillible.

« Aujourd'hui que les loges des pays voisins, excitées par l'Allemagne, vomissent contre moi toutes sortes d'injures atroces et d'horribles calomnies, se procurant en secret les moyens de m'assassiner, j'ai plus que jamais besoin de la protection divine, afin de vivre et de mourir pour la défense de notre sainte religion, et de cette chère République que Dieu m'appelle à gouverner encore. Quel plus grand bonheur peut-il m'arriver, Très Saint Père, que de me voir détesté et calomnié pour l'amour de notre divin Rédempteur ? Mais quel bonheur plus grand encore, si votre bénédiction m'obtenait du ciel la grâce de verser mon sang pour celui qui, étant Dieu, a voulu verser le sien pour nous sur la Croix. »

A cette lettre qui respire l'héroïsme des martyrs, le Président avait joint une supplique sollicitant des religieuses pour soigner les lépreux, et l'autorisation de recevoir de Carthagène les reliques de Saint Pierre Claver, apôtre des nègres. « Personne ne les honore, disait-il ; notre pauvre Équateur ne cherche ni ne désire d'autre protection que celle de Dieu et de ses saints du Ciel. »

Cependant les exilés de l'Équateur au Pérou, sous la conduite d'Urbina, entretenaient des correspondances avec les meneurs et les révolutionnaires de Quito, notamment avec le Péruvien Cortès que l'on voyait avec plusieurs étrangers à relations suspectes, fréquenter les salons du ministre de Lima. L'astuce, l'audace de cet individu se cachaient sous une apparente courtoisie ; malgré la vigilance de la police, on n'avait pu saisir aucune des lettres, lorsque Dieu lui-même intervint pour donner au Président l'occasion de lui signifier l'ordre de quitter la république. Un jour, l'aide de camp de Garcia Moreno avait posé un paquet de lettres sur le bureau pour y apposer l'estampille du gouvernement ; le Président, par une sorte d'inspiration soudaine, saisit au hasard une de ces lettres, brise l'enveloppe et en trouve une seconde à l'adresse d'Urbina ; vers la même époque, un mois environ avant l'assassinat, le légat du Saint-Siège, Mgr Vanutelli, au moment de s'embarquer à Guayaquil pour l'Europe, reçut de Lima plusieurs lettres à son adresse ; l'une d'elles en contenait une autre pour l'avocat Polanco, dont il n'avait jamais entendu parler ; le prélat prit aussitôt un moyen sûr de lui envoyer la lettre qui contenait, on l'apprit plus tard, les derniers ordres d'Urbina et des conspirateurs.

Le 26 juillet, un ami de Garcia Moreno écrivait à la femme du Président pour sa fête, et lui souhaitait de « parvenir à déjouer les projets de la secte, contre l'héroïque chef de l'Équateur. »

« Eh bien, répondit-il avec calme et même avec joie, que veut un voyageur, si ce n'est d'arriver au terme de son voyage ; un navigateur, si ce n'est de saluer les rivages de la patrie ?

« Je ne me ferai point garder ; mon sort est entre les mains de Dieu, qui me tirera de ce monde quand et comme il lui plaira. »

Cependant, soit pour donner au martyr le mérite de sacrifier sa vie en pleine possession de sa volonté, soit pour augmenter, peut-être, sa gloire éternelle en prolongeant les angoisses que la nature ressent toujours en face de la mort, le Cœur de Jésus envoyait à son fervent adorateur le pressentiment, presque l'assurance, que ses jours étaient comptés.

Plusieurs mois avant le crime, Garcia Moreno conduisait son ami Jean Aguirre, s'embarquant pour l'Europe, et lui disait : « Je le sens, nous ne nous reverrons plus ; » et cachant avec peine les pleurs de l'amitié, il criait une dernière fois du rivage : « Adieu, nous nous reverrons au Ciel. »

Le 4 août, il voulut écrire à cet ami et, après avoir fait allusion au départ, il ajoutait : « ... Je suis heureux de mourir pour la foi et pour la religion ; nous nous reverrons au Ciel. »

Cependant la fête nationale et l'ouverture du Congrès approchaient ; le Président voulut faire plaisir à son petit Gabriel et le conduisit commander une selle pour une longue promenade à cheval. Le sellier était un certain Rayo ; né de parents pauvres de la Nouvelle-Grenade, il s'était d'abord engagé dans les troupes de l'Equateur, avait obtenu d'être gouverneur au Napo d'où le Président l'avait rappelé à cause des vexations dont il accablait les Indiens ; finalement il était sellier de profession. Cet homme, hypocrite et fourbe, avait été facilement enrôlé par la secte, et son nom prononcé devant un ami du Président comme étant celui d'un conjuré. « Rayo, avait répondu Garcia Moreno, c'est une infâme calomnie ! je l'ai vu il y a peu de jours à la sainte Table ! » Hélas ! il se trouve encore des Judas ! et Rayo devait être l'assassin.

Le Président, fort occupé au moment du Congrès, préparait le message dans lequel il devait rendre compte des années qui finissaient ; il s'entretenait du complot avec ses ministres, et leur répétait toujours la forte parole de confiance, expression fidèle de son abandon à la volonté de Dieu : « Un homme peut disparaître, mais *Dieu, lui, ne meurt pas.* »

Avant de finir la journée, Garcia Moreno avait donné l'ordre de ne recevoir aucun visiteur, lorsque son aide-de-camp crut nécessaire d'introduire un ecclésiastique venant apporter au Président cette communication urgente ; « Prenez vos mesures, car les conjurés cherchent l'occasion d'exécuter leurs desseins coupables dans le plus bref délai. »

« Je vous remercie, répondit avec calme Garcia Moreno ; mais après avoir reçu tant d'avertissements semblables, et mûrement réfléchi, j'ai reconnu que la seule mesure à prendre c'est de me tenir prêt à paraître devant Dieu. » Puis il continua la rédaction du message ; c'était à ce jour, à cet instant même, son *devoir d'état ;* c'était donc par ce travail qu'il voulait rendre gloire à Dieu en attendant la dernière heure !

Néanmoins, contre son habitude, il passa la nuit presque entière en méditation et en prière.

Le lendemain 6 août, fête de la Transfiguration, était en même temps le premier vendredi du mois, jour consacré au Sacré-Cœur de Jésus. Garcia Moreno communiait à la messe de six heures dans l'église de Saint-Dominique et demeurait jusqu'à huit heures en action de grâces, pendant que les assassins déroutés par le concours des fidèles autour de l'église, se dispersaient, bien qu'ils aient attendu leur victime durant deux longues heures.

Après avoir passé quelque temps en famille et pris son modeste repas, le Président voulut terminer le message avant de se rendre au palais du gouvernement ; il visita un parent qu'il aimait sur la *plaça Mayor* (la grande place). Ignacio de Alcazar lui reprocha de sortir, averti comme il l'était : « Vos ennemis, disait-il, observent tous vos pas. — Je suis dans les mains de Dieu en tout et pour tout ; il n'arrivera rien que par sa permission, » répondit avec calme le martyr, puis il traversa la place, suivi seulement de Pallarèz son aide-de-camp.

Mais avant d'entrer au palais, Garcia Moreno se dirigea vers la cathédrale où le Saint-Sacrement était exposé ; il y resta longtemps en prières à genoux et prosterné ; il répétait sans doute la sublime prière que l'on a retrouvée écrite ce jour-là même : « Mon Seigneur Jésus-Christ, donnez-moi l'amour de l'humilité, et faites-moi connaître ce que je dois faire aujourd'hui pour votre service. »

Cependant les sicaires réunis au cabaret épiaient leur victime ; ils s'étaient cachés derrière les colonnes du péristyle et les rôles étaient assignés à chacun. Le traître Rayo, en voyant Garcia Moreno marcher vers la cathédrale, craignit de nouveaux obstacles ; et comme le Président prolongeait son adoration, il le fit avertir qu'une affaire urgente l'attendait au palais. Garcia Moreno sortant aussitôt de l'église, monta le perron ; Rayo qui le suivait lui enfonça violemment sur l'épaule un énorme poignard ; le Président se retourna cherchant à saisir son revolver dans sa redingote étroitement fermée ; mais le farouche Rayo lui fit une seconde blessure à la

que le portrait de Pie IX, étaient baignés dans le sang généreux du défenseur de l'Église, comme pour servir de germe à l'abondante moisson des chrétiens de l'Équateur.

Les assassins avaient fui; mais Rayo, blessé à la jambe, entouré par la foule exaspérée, balbutia, se troubla, et répéta quelques mots incohérents sous les menaces de mort qui le poursuivaient, lorsqu'un soldat ne pouvant supporter la vue d'un tel monstre, l'étendit raide mort d'un coup de feu. L'or du Pérou trouvé dans les vêtements de Rayo, prouvait une fois de plus de quelle manière les francs-maçons se gagnent des adeptes.

Garcia Moreno offre son sacrifice pour la patrie.

tête, puis au bras gauche, enfin à la main droite qu'il coupa presque entièrement, pendant que les autres assassins lui envoyaient une double décharge de leurs armes. La victime sans mouvement et sans vie apparente, étendue sur le sol, offrait probablement pour la patrie son sacrifice en union avec Celui qui a sauvé le monde, car lorsque Rayo poussé par l'esprit de ténèbres se précipita de nouveau sur lui, Garcia Moreno levant les yeux au ciel, répéta son cri de foi et d'invincible espérance : « *Dieu ne meurt pas ! Dios no muere !* »

Alors pour donner au héros chrétien les seules consolations qu'il pût recevoir encore, on le transporte à la cathédrale aux pieds de Notre-Dame des Sept-Douleurs. Un dernier regard de sublime résignation, de calme et pieuse acceptation répond à la question que lui fait le prêtre: « Pardonnez-vous à vos meurtriers ? » La grâce de l'absolution, l'onction du Saint-Chrême achèvent de purifier cette âme; ou plutôt le sang pur du martyr l'a déjà purifiée, et c'est la palme à la main que Garcia Moreno, vengeur du droit chrétien, se présente pour recevoir du juste Juge la couronne éternelle.

Le Président portait sur la poitrine avec une relique de la Vraie Croix, les scapulaires de Notre-Dame du Mont-Carmel, de la Passion et du Sacré-Cœur; à son cou, un chapelet avec la médaille commémorative du Concile du Vatican; le message qu'il se proposait de lire au Congrès ainsi

Mais *Dieu ne meurt pas! Dieu est le maître et il le restera!*

« En immolant notre chef, écrivait au lendemain de l'odieux attentat le journal de Quito, une bande de scélérats a cru immoler du même coup la religion et la patrie ; mais l'esprit de Garcia Moreno restera avec nous ; le martyr du haut du ciel priera pour nous. »

La consternation du peuple, le deuil de tous les honnêtes gens couvrirent l'Equateur d'un voile lugubre ; un silence de mort n'était troublé que par les sanglots se mêlant aux tintements des cloches, aux coups de canon lugubrement espacés et portant au sommet des Andes l'écho de la douleur publique. Les assassins avaient compté sur l'émotion pour produire quelque désordre ; au contraire, l'indignation et la haine dont ils étaient poursuivis, les forçaient à s'expatrier au plus vite. Le vice-président, don Javier Léon, décréta l'état de siège et prit en mains les rênes du gouvernement.

Cependant, le corps sanglant du martyr, dont la noble figure avait gardé la sympathique expression de force et de douceur, fut entouré de foules innombrables, venues de plusieurs lieues, pour contempler une fois encore celui qu'on appelait *libérateur* et *père* ; selon l'usage si pieux des pays les plus catholiques, Garcia Moreno placé dans le cercueil, à visage découvert et tourné vers l'autel, était exposé à la vénération générale ; la place réservée au Président était vide et drapée de noir, le corps diplomatique, toutes les autorités, le Parlement, les membres du Congrès, un peuple en larmes disaient assez que le grand homme absent n'était pas un de ces chefs d'Etat vulgaires que l'on remplace si vite ! Sur le catafalque on avait placé ces mots : « *Au régénérateur de la patrie, à l'invincible défenseur de la foi catholique.* » Le sénateur don Vincent Cuesta, doyen de la cathédrale de Riobamba, prononçant une première oraison funèbre, était interrompu par les sanglots lorsqu'il s'écriait :

« O Dieu des nations, comment avez vous permis que la sentinelle de votre maison, le défenseur de votre Eglise, l'orgueil de votre peuple, tombât ainsi à l'improviste ?... Cet illustre Président avait attiré, par ses actes politiques et ses vertus intimes, les regards du monde entier sur une nation ignorée jusque là. Pie IX lui même avait fixé son œil reconnaissant sur ce petit peuple des Andes, au milieu duquel, en ce temps d'apostasie générale, avait paru le seul homme assez fort pour brandir dans ses mains vaillantes l'épée de Constantin, de Charlemagne et de Saint-Louis.

« Et ces mains, ont été lacérées par le crime !

« Le soldat de Dieu est mort martyr de son zèle et de sa foi !...

« Garcia Moreno ! Ah ! de cette région bienheureuse où t'a conduit ton héroïque vertu, jette un regard sur tes enfants, n'abandonne pas ton peuple à l'anarchie, demande à Dieu de susciter un homme qui continue ton œuvre et sache dire comme toi : « *Adveniat regnum tuum !* »

Cependant le peuple était résolu à s'emparer des assassins, à les découvrir partout, fût-ce à l'étranger ; déjà deux des meurtriers s'étaient trahis par leur contenance embarrassée, ils étaient en prison ; pendant deux jours le jeune Cornejo parvint à se cacher dans une maison amie de sa respectable famille, laquelle désolée du crime avait quitté l'Equateur ; puis il avait gagné les forêts, et, conduit par un Indien, avait déjoué les recherches. Mais un fidèle serviteur étant revenu de nuit, pour prendre les vêtements nécessaires à Cornejo, fut dénoncé à la police et contraint, sous peine de mort, de conduire les soldats à la hutte de l'assassin ! L'Indien prévenu à temps, soustrayait Cornejo aux poursuites ; mais dans l'exaspération générale on résolut de cerner le bois ; la population entière, hommes, femmes et enfants voulurent prendre part à cet acte de justice. La forêt fut entourée tout entière, puis on rétrécit le cercle peu à peu, sans parvenir à trouver le coupable ; alors, décidé à en finir, le peuple mit le feu aux arbres et attendit que Cornejo se livrât pour échapper aux flammes. Il ne parut pas ; et déjà on songeait à reprendre la route de Quito, lorsque du creux d'un arbre la tête du malheureux cherchant de l'air, fut aperçue d'un homme qui ramena la foule ; on s'empara enfin du monstre.

L'assassin Cornejo élevé par des parents chrétiens, animé d'abord de bons sentiments, avait été perverti par les francs-maçons qui en avaient fait un meurtrier. Pour tromper le Président il paraissait en toute rencontre rempli de zèle et de dévouement à sa personne, « pour égarer ses soupçons et me rendre la besogne plus facile, avouait-il dans l'interrogatoire, j'allais souvent le prévenir de prendre garde et de veiller sur ses jours. Au moment du crime le Président se sentant frappé, s'était retourné vers moi comme pour chercher du secours et je lui répondis par un coup de révolver... mais, ajoutait Cornejo, Dieu ne pouvait laisser ce crime impuni ; » ..... « Je suis heureux de mourir pour l'expier, et de mourir maintenant où je veux me réconcilier avec Dieu ; car si j'avais échappé je serais perdu pour toujours. »

Cornejo entraîné encore jeune, moins coupable peut-être aux yeux de Dieu, mourut dans de profonds sentiments de repentir ; les autres condamnés que l'on put saisir furent exécutés, sauf Polanco, exilé pour dix ans.

Mais la justice divine n'attend pas toujours pour punir les criminels ; elle veut souvent aider la miséricorde, et par le châtiment des uns ramener les autres à la pénitence. Polanco était parvenu à se sauver dans une émeute, et vomissant l'injure contre Dieu, il se disposait à lacérer la bannière du Sacré-Cœur lorsqu'une balle l'étendit au pied même de l'image sacrée.

Tous les principaux assassins de Garcia Moreno sont morts depuis, de mort violente ; les uns frappés dans des révoltes, les autres dans des accidents imprévus, tels que Manuel Cevallos écrasé par une corniche qui lui tomba sur la tête dans une rue de Paris. Ces terribles enseignements ne sont pas assez connus, ils ne sont pas assez compris. « On ne se moque pas impunément de Dieu » et s'il remet le plus souvent à punir, il a l'éternité... En vain s'efforce-t-on de nier une autre vie, une voix intime que l'on voudrait étouffer mais qui ne se tait pas, réclame au fond de l'âme humaine, et les païens eux-mêmes ont cru et croient à l'immortalité !

Le Congrès se réunit au bout de peu de jours pour déterminer l'époque de l'élection Présidentielle ; c'est avec une indicible et religieuse émotion que le ministre donna lecture du message préparé par Garcia Moreno ; ces feuilles maculées de sang semblaient le testament du héros-martyr : le Congrès jura d'y être fidèle. Le manifeste adressé à la nation rappelait le développement prodigieux de la civilisation, le progrès intellectuel, moral et matériel accompli dans toutes les administrations grâce au Président, depuis que la religion présidait aux destinées du pays.

« Ils ont voulu, ces vils assassins, dit le document officiel, noyer la religion, la morale, les institutions de la patrie, dans le sang de l'auguste régénérateur ; mais sur son tombeau, la croix apparaîtra plus resplendissante que jamais, car c'est pour la sainte cause qu'il a versé son sang. »

Puis dans un décret précédé de *considérants*, où le Congrès énumère les plus grandes œuvres accomplies par le zèle éclairé du Président martyr, le Sénat et la Chambre des députés déclarent : « Que l'Équateur, par l'entremise de ses représentants, accorde à la mémoire de l'excellentissime don Gabriel-Garcia Moreno l'hommage de son éternelle gratitude ; et pour le glorifier selon ses mérites, lui décerne le nom de *Régénérateur de la patrie et de martyr de la civilisation catholique.*

« Afin de recommander son nom glorieux à l'estime et au respect de la postérité, une statue en marbre, érigée en son honneur, portera sur son piédestal l'inscription suivante :

A GARCIA MORENO
LE PLUS NOBLE DES ENFANTS DE L'ÉQUATEUR
MORT POUR LA RELIGION ET LA PATRIE
LA RÉPUBLIQUE RECONNAISSANTE

« Dans les salles des conseils municipaux et autres assemblées officielles, figurera un buste de Garcia Moreno, avec l'inscription :

AU RÉGÉNÉRATEUR DE LA PATRIE
AU MARTYR DE LA CIVILISATION CATHOLIQUE

D'un bout à l'autre de l'Amérique, puis de tous les points du monde connu, les louanges de *Garcia Moreno, prodige du XIXe siècle,* retentirent sous toutes les formes, du haut de la chaire et de la tribune, par la poésie comme par la prose, par la parole et par la plume, par les chefs-d'œuvre de la sculpture et les inscriptions gravées sur le marbre.

Ses ennemis mêmes ne purent retenir la vérité captive et l'un de ses plus ardents contradicteurs écrivait à la Nouvelle-Grenade : « Homme d'un grand caractère et d'une énergie éprouvée, Garcia Moreno fut le chef d'une nouvelle école : *l'école de la sécurité...* La prophétie de Bolivar s'accomplit à notre grand désenchantement : « Il n'y a plus de foi ni entre les hommes ni entre les nations. Les constitutions et les lois sont des feuilles de papier ; les élections des exercices de pugilat, la liberté un brigandage, la vie un enfer... »

« Garcia Moreno était né pour gouverner un grand peuple... Ils l'ont assassiné, mais les martyrs ne meurent pas : ils passent de la prison au trône et de l'échafaud à la gloire ! »

La chaire de Notre-Dame de Paris garde encore le souvenir de l'apostrophe véhémente que le R. P. Roux envoyait au naturalisme :

« Regardez, disait-il, les deux pôles du monde moderne : à Rome voici un Pape qui proclame les droits de Dieu ; sur le Pacifique, un grand chrétien qui en fait la règle de son gouvernement. Pie IX est prisonnier au Vatican, et le chrétien tombe baigné dans son sang sous le couteau d'un infâme assassin. Reconnaissez le juste de ce siècle : Garcia Moreno ! »

Louis Veuillot (1), dans un des derniers articles

(1) L'*Univers*, 27 septembre 1875.

sortis de sa plume souvent inspirée, toujours catholique, a peint au vif le héros martyr. Dans ces lignes trop longues pour trouver ici leur place, nous relèverons quelques passages :

« Garcia Moreno fut dans le gouvernement du peuple un homme de Jésus-Christ. Voilà le trait marqué et suprême qui le met hors de pair : homme de Dieu, homme de Jésus-Christ dans la vie publique. Une petite république du Sud nous a montré cette merveille : un homme assez noble, assez fort, assez intelligent pour persévérer dans le dessein d'être, comme on le dit, « un homme de son temps, » d'en établir les sciences, d'en accepter les mœurs, d'en connaître et d'en suivre les usages et les lois, et cependant de ne pas cesser d'être un homme de l'Évangile, exact et fidèle, c'est-à-dire un exact et fidèle serviteur de Dieu... Il suivait son droit et rude chemin, qui allait à la mort du temps et à la vie éternelle ; il répétait, et sa dernière parole a été : *Dieu ne meurt pas !.....* Nous osons dire que Dieu lui devait cette mort glorieuse. Il devait mourir dans sa force, dans sa vertu, dans sa prière, aux pieds de la Vierge des Sept-Douleurs, martyr de son peuple et de sa foi, pour lesquels il a vécu. Pie IX a publiquement honoré ce fils digne de lui !... »

Pie IX, en effet, recevant dans les salles du Vatican d'où il ne pouvait sortir, un grand pèlerinage, adressa aux pèlerins de Laval le 20 septembre 1875, dit le R. P. Berthe, « une de ces harangues justicières dont il flagellait quelquefois, lui captif, les odieux persécuteurs de l'Eglise :

Au milieu de ces gouvernements livrés au délire de l'impiété, la république de l'Equateur, dit-il, se distinguait miraculeusement de toutes les autres par son esprit de justice et par l'inébranlable foi de son Président, qui toujours se montra le fils soumis de l'Eglise, plein de dévouement pour le Saint-Siège, et de zèle pour maintenir au sein de la république la religion et la piété. Et voilà que les impies dans leur aveugle fureur, regardent comme une insulte à leur prétendue civilisation moderne l'existence d'un gouvernement qui, tout en se consacrant au bien matériel du peuple, s'efforce en même temps d'assurer son progrès moral et spirituel.

« A la suite de conciliabules ténébreux organisés dans une république voisine, ces vaillants ont décrété le meurtre de l'illustre Président. Il est tombé sous le fer d'un assassin, *victime de sa foi et de sa charité chrétienne envers sa patrie.* »

Sous l'inspiration de Pie IX qui envoyait un don royal pour le monument, on plaça dans le Collège Pio-Latino-Americano un buste magnifique dans lequel Garcia Moreno, en grand costume militaire, semble répéter son cri de foi et d'espérance : *Dieu ne meurt pas !*

Sur chacune des faces du piédestal, les quatre titres du héros à la gloire et à la reconnaissance sont ainsi exprimés :

Au gardien fidèle de la religion.
Au zélé promoteur des sciences.
Au serviteur très dévoué du Saint-Siège.
Au justicier, vengeur des crimes.

Le Pontife-Roi martyr de la révolution, le chef d'Etat martyr de la foi, tous deux couronnés par le *Dieu qui ne meurt pas,* attireront, nous en avons la confiance, la miséricorde divine sur les sociétés sauvées un jour par l'Eglise.

« Après ma mort, avait dit Garcia Moreno, la république de l'Équateur tombera de nouveau entre les mains de la révolution qui la gouvernera despotiquement sous le nom trompeur de libéralisme ; mais le Cœur de Jésus à qui j'ai consacré ma patrie, l'en arrachera pour la faire vivre libre et honorée, sous la garde des grands principes du catholicisme. »

Dans le désarroi où le deuil universel jetait l'Équateur, on imagina de suivre une fois encore cette politique hésitante, cette funeste route des compromis qui ne contente personne et n'aboutit qu'aux abîmes.

Borrero, catholique sincère, mais faible, craintif et facile à tromper, réunit la presque unanimité des suffrages. Son triomphe devait être court ; il se hâta d'apaiser les tentatives de révoltes, en accordant aux révoltés toutes leurs demandes. La première et la plus grande faute avait été de mettre à la tête de l'armée à Guayaquil Vintimilla, allié d'Urbina. Feignant de craindre les troubles au jour anniversaire de l'indépendance, le rusé général sollicita des renforts que Borrero, contre tous les avis, se hâtait d'envoyer ; avec ces troupes, Vintimilla renversait sans peine le faible Borrero et se proclamait Président de la République.

Une nouvelle ère de persécution s'ouvrit pour l'Équateur ; après avoir détruit les grandes œuvres de Garcia Moreno, vidé les caisses de l'État, réduit le ministre des finances aux abois, Vintimilla déclarait que *faute d'argent* les travaux et même les routes devaient être abandonnés. Les traitements des ecclésiastiques furent supprimés, les écoles fermées à 32,000 enfants, et les hautes écoles sans professeurs ; les Indiens du Napo délaissés, le commerce suspendu, le désordre partout autorisé. La nation avait pu, pendant cette période de désorganisation, comparer entre les deux chefs : l'un s'était enrichi au pouvoir ; l'autre avait abandonné son traitement au trésor et aux pauvres !

En vain Vintimilla voyant expirer les six ans de la Présidence essaya-t-il, par une volte-face sans pudeur, de rallier les partis à sa cause ; les ruines partout amoncelées criaient vengeance ; le gouvernement provisoire voulut, dans l'attente de l'élection présidentielle, se réfugier sous l'égide de son tout-puissant protecteur, le Sacré-Cœur de Jésus, et proposa l'érection d'un temple *national* aux frais de l'État et des aumônes volontaires.

« Au moment où tous les Etats, en tant que gouvernements, ont cessé de reconnaître les droits sociaux de Jésus-Christ et de son Eglise... en face de la lâche apostasie de toutes les nations, ce que nous désirons, s'écrie l'orateur du Congrès (1), ce que nous prétendons, c'est que la convention de 1884 tombe à genoux devant le divin et suprême Monarque de tous les peuples, qu'elle renouvelle sa consécration première, qu'elle élève enfin un monument durable attestant aux générations que *l'Equateur est la République du Sacré-Cœur de Jésus ;* non pas du Dieu idéal des panthéistes, mais du vrai Dieu Notre-Seigneur Jésus-Christ... Levons les yeux au ciel ; c'est là que nous trouverons écrits les grands et mystérieux secrets de notre avenir. »

Pendant la Présidence de José-Maria Caamano, le dixième anniversaire de l'assassinat du grand Garcia Moreno fut célébré dans les larmes et les prières du peuple entier ; le jeune fils du héros martyr, Don Gabriel Garcia Moreno, conduisait le deuil ; et l'orateur commentait la parole du Saint Père Pie IX : « Il est tombé, le chevalier du Christ, victime de sa foi et de sa charité chrétienne pour sa patrie. »

Enfin, en 1886, le 21 juin, deuxième centenaire de l'apparition du Sacré-Cœur à la Bienheureuse Marguerite-Marie, une fête nationale réunissait au banquet Eucharistique, puis à des

(1) Discours du docteur Matovelle au Congrès de 1884.

manifestations publiques d'allégresse, les autorités et le peuple de l'Équateur ; le lendemain, une consécration solennelle précédée de l'amende honorable proclamait une fois encore, à la face du monde entier, que « c'est la justice qui élève les nations et le péché qui les fait descendre dans l'abîme. »

O Jésus, gardez à jamais ceux que vous avez reçus dans votre Cœur Sacré : la patrie de Garcia Moreno, la France notre patrie, patrie de Marguerite-Marie, *patrie de votre Sacré-Cœur* puisqu'il vous a plu de l'y manifester ; la France et l'Équateur vous sont consacrés à jamais, et ne sauraient périr.

TABLE DES MATIÈRES

	Pages.
INTRODUCTION	5
CHAPITRE PREMIER. — Histoire de l'Equateur. — Bolivar le *Libertador*. — Ses successeurs	9
CHAPITRE II. — Naissance de Garcia Moreno. — Sa famille. — Son pays	22
CHAPITRE III. —. Garcia Moreno à l'Université. — La fermeté de sa conduite, son amour de la science. — Exploration du Pichincha	30
CHAPITRE IV. — L'Avocat vengeur du Droit chrétien. — Chûte de Florés. — Urbina. — Garcia Moreno à Paris	39
CHAPITRE V. — Garcia Moreno recteur de l'Université et alcade à Quito. — Polémique. — Garcia Moreno sénateur. — Le Président Roblez conspire avec Urbina. — Dictature de Franco	53
CHAPITRE VI. — Désintéressement de Garcia Moreno pour empêcher la guerre civile. — Drame de Riobamba. — Passage de l'Estero Salado. — Prise de Guayaquil	65
CHAPITRE VII. — Garcia Moreno Président par *intérim*. — La question électorale et la Constitution. — Garcia Moreno élu Président à l'unanimité. — Premières réformes	80
CHAPITRE VIII. — Le Concordat avec le Saint-Siège (1862).	87
CHAPITRE IX. — Présidence de Carrion. — Tentative d'invasion. — Combat de Jambeli	103

TABLE DES MATIÈRES

Pages.

CHAPITRE X. — Chûte de Carrion. — Espinosa. — Tremblement de terre d'Ibarra 117

CHAPITRE XI. — Garcia Moreno sauveur de la République. — La Constitution. — Le Président malgré lui. . . . 128

CHAPITRE XII. — Seconde Présidence de Garcia Moreno. — Ses vertus : foi, justice, charité, etc. — Missions du Napo 141

CHAPITRE XIII. — Routes. — Administration. — Armée. — Magistrature. — Instruction publique 167

CHAPITRE XIV. — Caractère propre des vertus de Garcia Moreno. — « Ce grand homme était-il *né saint ?* ». . 189

CHAPITRE XV. — Protestation en faveur du pouvoir temporel. — Consécration de la République au Sacré-Cœur 203

CHAPITRE XVI. — L'immolation. — Le triomphe éternel. 213

Abbeville, imp. C. PAILLART, Editeur des *Brochures illustrées de Propagande Catholique.*

www.ingramcontent.com/pod-product-compliance
Lightning Source LLC
Chambersburg PA
CBHW061958180426
43198CB00036B/1454